全民健康操

腿保健、单腿操150套

刘海山 编著

天津出版传媒集团

天津科学技术出版社

图书在版编目(CIP)数据

全民健康操 / 刘海山编著. -- 天津：天津科学技术出版社，2019.3
　ISBN 978-7-5576-5793-2

　Ⅰ.①全… Ⅱ.①刘… Ⅲ.①健美操-基本知识 Ⅳ.①G831.3

中国版本图书馆 CIP 数据核字(2018)第 251000 号

全民健康操
QUANMIN JIANKANGCAO
责任编辑：陈　雁

出　　版：	天津出版传媒集团
	天津科学技术出版社

地　　址：天津市西康路 35 号
邮　　编：300051
电　　话：(022) 23332390
网　　址：www.tjkjcbs.com.cn
发　　行：新华书店经销
印　　刷：天津午阳印刷股份有限公司

开本 710×1000　1/16　印张 23.5　字数　450 000
2019 年 3 月第 1 版第 1 次印刷
定价：68.00 元

科学练操
全民健康

戊戌年 何国模

刻苦练拳
健体长寿
消年来

关于创编出版《健康操丛书》的提议

——为实现天津居民"增一岁"和"建成健康城市"做出应有贡献

市政协元敏主席：

您好。今年三月全国"两会"通过的"十二五"规划纲要提出：从"十一五"时期人均预期寿命 73.5 岁增至"十二五"时期的 74.5 岁。天津市"两会"通过的"十二五"规划纲要提出：从"十一五"末 2010 年人均预期寿命 80.5 岁增至"十二五"末 2015 年 81.5 岁，天津市居民健康达到发达国家平均水平，基本建成健康城市。这是一个非常振奋人心的具体生命数字目标和居民健康目标。"增一岁"决不仅是多活一岁，更重要的是活得健康、活得幸福。"增一岁"是每个人的责任，人人要为实现"增一岁"和"建成健康城市"做出应有贡献。

2011 年 7 月 25 日，元敏主席主持召开的市政协第三十八次主席会议，是在新形势下探索人民政协工作服务科学发展、服务工作大局、服务人民群众，提高水平和能力的重要会议，说出了我们新老政协委员的心声，我们完全拥护和支持。在"十二五"时期，我们期盼市政协为天津 1300 万人民办成更多好事和实事。现就提请市政协组织创编出版《健康操丛书》一事提议如下：

一、为什么要创编出版《健康操丛书》

健康是百姓最大的民生，全民健康是国家最大的政治。健康是个人幸福、家庭和谐的基础。全民健康体现国家强盛，是落实科学发展观、建设和谐社会、实现中华民族复兴的强大动力。如何做到天津 1300 万居民健康，首先要坚持运动健身健康的正确方向，同时要选准全民最经济、最方便、最现实、最有效的健康运动方式。

天津市具备了创编出版《健康操丛书》的基础条件。近十几年，我市民间涌现出一批研究、开发、实践和创编健康操的热心者和专家，研究开发具有一定的深度和广度，健康效果极为显著。如：常年坚持运动健身的做经济管理工作的刘海山先生，通过十五年研究、开发和实践健康操，目前创编出《健康操丛书》：首卷一《颈、腰、腿、关节操100套》20万字规范书稿；第二卷《头、手、足、部位操100套》约18万字基础书稿；第三卷一《单腿支撑操100套》约12万字

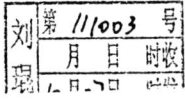

序　　言

党和政府历来十分重视全民健身健康。党的十八大以来，以习近平总书记为核心的党中央统揽全局，系统谋划，做出了推进**《"健康中国2030"规划纲要》**，为全国人民勾画了打造健康中国的美好蓝图，为实现中华民族伟大复兴夯实了健康基石，为全民健身健康创造了最佳时代。

2011年天津市10位新老政协委员，向市政协联名提交了关于加强全民健身健康运动的倡议，建议组织创编出版"全民健康操丛书"。在贯彻落实习近平总书记2013年8月31日作出的**"要广泛开展全民健身运动，促进群众体育和竞技体育全面发展"**重要讲话精神过程中，在有关部门组织推动和有关专家学者审核论证下，由原市经委干部、运动健身健康志愿者刘海山先生创编的"全民健康操丛书"首卷——**《颈腰腿关节操100套》**专著已于2014年8月出版发行，受到社会的广泛欢迎。现在，第二卷——**《全民健康操（腿保健、单腿操150套）》**专著即将出版，这是一件非常有意义的事情，期待这部健身操能为广大群众的健身强体提供有利的帮助和指导。

人体是由36个生理部位和7个大关节组成的有机整体，其中颈、肩、腰、腿、关节部位活动最多，是人体最脆弱最容易受伤得病的生理部位。腿是人体最大的生理部位，人体大骨骼、大关节、大肌肉都在腿上。腿支撑着人体生理部位，承受着地心的巨大引力，腿部健康对全身健康起到支撑、带动、影响和修复作用，对人体健康起到重要保障作用。习练单腿运动，对各类人员增强身体综合平衡协调能力和对中老年防衰老、防骨质疏松、防跌倒、防肥胖、防痴呆等起到重要作用。

1987年2月11日中国著名科学家钱学森教授提出了**第四医学——人体功能医学**，用**"性命双修"**来提高人体功能状态。通过运动焕发人体生理部位机能，提高人体部位功能状态，增强人体健康素质，是人体科学的社会任务，也是新时代推进健康中国增强全民健身健康素质的理论基础。刘海山先生经过20年精心研究和实践探索，总结创编的《颈腰腿关节操100套》《全民健康操（腿保健、单腿操150套）》健身方法，是实践开发钱学森创立第四医学——人体功能医学理论的应用成果，是对人体功能医学理论的创新发展，具有重要的学术价值和应用价值。

生命在于运动，运动必须科学，健康在于积累，防病重于治病。衷心希望广大中老年朋友和青少年朋友，能从《颈腰腿关节操100套》《全民健康操（腿保健、单腿操150套）》健身方法中得到收益，让生命之树常青，做新时代、新征程健康中国人。

邢元敏

（中共天津市委原副书记、天津市政协原主席、
天津市关心下一代工作委员会主任）

2018年5月18日

目　录

绪论 ··· 1

上篇　腿保健

第一章　腿部知识 ··· 11
第二章　腿部关节操 ··· 31
　　第一套　膝关节防护操 ·· 32
　　第二套　膝关节锻炼操 ·· 37
　　第三套　膝关节健骨养筋操 ···································· 41
　　第四套　膝关节综合操 ·· 44
　　第五套　髋关节操 ·· 47
　　第六套　踝关节操 ·· 50
第三章　腿部肌肉操 ··· 53
　　第一套　妇女增肌操 ·· 54
　　第二套　日常肌肉锻炼操 ······································ 57
　　第三套　腿部肌肉锻炼操 ······································ 60
　　第四套　骨骼肌肉锻炼操 ······································ 63
第四章　腿部穴位按摩操 ·· 69
　　第一套　膝关节损伤穴位按摩操 ································ 70
　　第二套　膝关节穴位按摩操 ···································· 71
　　第三套　踝关节扭伤穴位按摩操 ································ 72
　　第四套　腿部抽筋穴位按摩操 ·································· 73
　　第五套　腿部静脉曲张穴位按摩操 ······························ 74
　　第六套　腿部疼痛穴位按摩操 ·································· 75
　　第七套　腿部穴位搓揉操 ······································ 77
　　第八套　腿部经络穴位保健操 ·································· 79

第五章　腿部痛风防治操······81
- 第一套　腿部关节痛风防治操······82
- 第二套　腿、臀部痛风防治操······88
- 第三套　老寒腿防治操······92
- 第四套　腿形锻炼操······95

第六章　腿部保健操······99
- 第一套　健腿六字操······99
- 第二套　预防跌倒操······103
- 第三套　强体单侧操······106
- 第四套　单腿支撑操······111
- 第五套　腿部保健操······114
- 第六套　体形锻炼操······115
- 第七套　舒筋壮骨操······120
- 第八套　综合运动操······125

下篇　单腿站立操

第七章　单腿平衡操······133
- 第一套　下肢单项平衡操······133
- 第二套　下肢多项平衡操······135
- 第三套　压脚上肢单项平衡操······136
- 第四套　压脚上肢多项平衡操······138
- 第五套　金鸡站立上肢单项平衡操······140
- 第六套　金鸡站立上肢多项平衡操······142
- 第七套　内伸上肢单项平衡操······144
- 第八套　内伸上肢多项平衡操······146
- 第九套　前伸上肢单项平衡操······148
- 第十套　前伸上肢多项平衡操······450
- 第十一套　侧伸上肢单项平衡操······152
- 第十二套　侧伸上肢多项平衡操······154
- 第十三套　后伸上肢单项平衡操······156

第十四套　后伸上肢多项平衡操……158

第八章　单腿运动操……160

第一套　下肢单项运动操……160

第二套　下肢多项运动操……162

第三套　压脚上肢单项运动操……163

第四套　压脚上肢多项运动操……165

第五套　金鸡站立上肢单项运动操……167

第六套　金鸡站立上肢多项运动操……169

第七套　内伸上肢单项运动操……171

第八套　内伸上肢多项运动操……173

第九套　前伸上肢单项运动操……175

第十套　前伸上肢多项运动操……177

第十一套　侧伸上肢单项运动操……179

第十二套　侧伸上肢多项运动操……181

第十三套　后伸上肢单项运动操……183

第十四套　后伸上肢多项运动操……185

第九章　单腿呼吸平衡操……187

第一套　呼吸下肢单项平衡操……187

第二套　呼吸下肢多项平衡操……189

第三套　压脚呼吸单项上肢平衡操……190

第四套　压脚呼吸多项上肢平衡操……192

第五套　金鸡站立呼吸单项上肢平衡操……194

第六套　金鸡站立呼吸多项上肢平衡操……196

第七套　内伸呼吸单项上肢平衡操……198

第八套　内伸呼吸多项上肢平衡操……200

第九套　前伸呼吸单项上肢平衡操……202

第十套　前伸呼吸多项上肢平衡操……204

第十一套　侧伸呼吸单项上肢平衡操……206

第十二套　侧伸呼吸多项上肢平衡操……208

第十三套　后伸呼吸单项上肢平衡操……210

第十四套　后伸呼吸多项上肢平衡操……212

第十章　单腿呼吸运动操 ·· 214
　第一套　单腿呼吸单项下肢运动操 ······································ 214
　第二套　单腿呼吸多项下肢运动操 ······································ 216
　第三套　压脚呼吸单项上肢运动操 ······································ 217
　第四套　压脚呼吸多项上肢运动操 ······································ 219
　第五套　金鸡站立呼吸单项上肢运动操 ································ 221
　第六套　金鸡站立呼吸多项上肢运动操 ································ 223
　第七套　内伸呼吸单项上肢运动操 ······································ 225
　第八套　内伸呼吸多项上肢运动操 ······································ 227
　第九套　前伸呼吸单项上肢运动操 ······································ 229
　第十套　前伸呼吸多项上肢运动操 ······································ 231
　第十一套　侧伸呼吸单项上肢运动操 ··································· 233
　第十二套　侧伸呼吸多项上肢运动操 ··································· 235
　第十三套　后伸呼吸单项上肢运动操 ··································· 237
　第十四套　后伸呼吸多项上肢运动操 ··································· 239

第十一章　单腿持物平衡操 ·· 241
　第一套　单腿持物单项下肢平衡操 ······································ 241
　第二套　单腿持物多项下肢平衡操 ······································ 243
　第三套　单腿压脚持物单项上肢平衡操 ································ 244
　第四套　单腿压脚持物多项上肢平衡操 ································ 246
　第五套　金鸡站立持物单项上肢平衡操 ································ 247
　第六套　金鸡站立持物多项上肢平衡操 ································ 248
　第七套　单腿内伸持物单项上肢平衡操 ································ 249
　第八套　单腿内伸持物多项上肢平衡操 ································ 250
　第九套　单腿前伸持物单项上肢平衡操 ································ 251
　第十套　单腿前伸持物多项上肢平衡操 ································ 252
　第十一套　单腿外伸持物单项上肢平衡操 ····························· 253
　第十二套　单腿外伸持物多项上肢平衡操 ····························· 254
　第十三套　单腿后伸持物单项上肢平衡操 ····························· 255
　第十四套　单腿后伸持物多项上肢平衡操 ····························· 256

第十二章　单腿持物运动操 ·······257

 第一套　单腿持物单项下肢运动操 ·······257
 第二套　单腿持物多项下肢运动操 ·······259
 第三套　压脚单项持物上肢运动操 ·······260
 第四套　单腿压脚多项持物上肢运动操 ·······262
 第五套　金鸡独立单项持物上肢运动操 ·······264
 第六套　金鸡独立多项持物上肢运动操 ·······266
 第七套　单腿内伸持物单项上肢运动操 ·······268
 第八套　单腿内伸持物多项上肢运动操 ·······270
 第九套　单腿前伸持物单项上肢运动操 ·······272
 第十套　单腿前伸持物多项上肢运动 ·······274
 第十一套　单腿侧伸持物单项上肢运动操 ·······276
 第十二套　单腿侧伸持物多项上肢运动操 ·······278
 第十三套　单腿后伸持物单项上肢运动操 ·······280
 第十四套　单腿后伸持物多项上肢运动操 ·······282

第十三章　单腿顶物平衡操 ·······284

 第一套　单腿顶物单项下肢平衡操 ·······284
 第二套　单腿顶物多项下肢平衡操 ·······286
 第三套　单腿顶物压脚单项平衡操 ·······287
 第四套　单腿顶物压腿多项平衡操 ·······289
 第五套　单腿顶物金鸡单项平衡操 ·······291
 第六套　单腿顶物金鸡多项平衡操 ·······293
 第七套　单腿顶物内伸单项平衡操 ·······295
 第八套　单腿顶物内伸多项平衡操 ·······297
 第九套　单腿顶物前伸单项平衡操 ·······299
 第十套　单腿顶物前伸多项平衡操 ·······301
 第十一套　单腿顶物侧伸单项平衡操 ·······303
 第十二套　单腿顶物侧伸多项平衡操 ·······305
 第十三套　单腿顶物后伸单项平衡操 ·······307
 第十四套　单腿顶物后伸多项平衡操 ·······309

第十四章　单腿顶物运动操·················311
第一套　单腿顶物单项运动操·················311
第二套　单腿顶物多项运动操·················313
第三套　单腿顶物压脚上肢单项运动操·················315
第四套　单腿顶物压脚上肢多项运动操·················317
第五套　单腿金鸡顶物上肢单项运动操·················319
第六套　单腿金鸡顶物上肢多项运动·················321
第七套　单腿顶物内伸上肢单项运动操·················323
第八套　单腿顶物内伸上肢多项运动·················325
第九套　单腿顶物前伸上肢单项运动·················327
第十套　单腿顶物前伸上肢多项运动·················329
第十一套　单腿顶物侧伸上肢单项运动·················331
第十二套　单腿顶物侧伸上肢多项运动操·················333
第十三套　单腿顶物后伸上肢单项运动操·················335
第十四套　单腿顶物后伸上肢多项运动操·················337

第十五章　单腿托顶物平衡操·················339
第一套　单腿托顶物下肢平衡操·················339
第二套　单腿金鸡站立上肢平衡操·················342
第三套　单腿前伸站立上肢平衡操·················344
第四套　单腿侧伸站立上肢平衡操·················346

第十六章　单腿托顶物运动操·················348
第一套　单腿托顶物下肢运动操·················348
第二套　单腿金鸡上肢运动操·················351
第三套　单腿前伸上肢运动操·················354
第四套　单腿侧伸上肢运动操·················357

新时代为全民健身健康做出新贡献（后记）·················360

绪　　论

一、人体生理结构概述

人体是由无数细胞和细胞之间的物质（细胞间质）组成。同种细胞和细胞间质结合起来构成组织。几种不同组织结合起来构成器官，若干器官结合起来构成系统，以完成人体某种特定生理功能。

细胞。 细胞是人体形态结构的基本单位，也是进行生命活动的功能单位，人体大约由 60 万亿个细胞组成。细胞由细胞膜、细胞质和细胞核组成。细胞的形状多样，通常与所执行的功能和所处的环境相适应。如游离在血浆中的红细胞多呈圆形；具有收缩功能的肌细胞，多呈圆柱形或长梭形；具有忍受刺激、传导兴奋功能的神经细胞，多呈细长而有分支的突起状。

组织。 根据人体组织的形态和功能，分为上皮组织、结缔组织、肌肉组织和神经组织四类。上皮组织由许多密集的上皮细胞和少量的细胞间质相互连接构成，覆盖于身体表面与体内各管道和囊腔的内面，有保护、吸收、分泌等功能。结缔组织由细胞和细胞间质构成，通常包括疏松结缔组织、致密结缔组织、网状结缔组织和脂肪组织。肌肉组织由肌细胞组成，肌细胞多呈长形，故又称肌纤维，细胞质内含有纵行排列的细丝状肌原纤维，有收缩和舒张的作用。四肢运动、胃肠蠕动、心脏搏动都与肌肉收缩有关。神经组织由神经细胞和神经胶质细胞组成，存在于脑、脊髓和周围神经系统。

器官。 人体的体腔内有许多器官，如胸腔内有肺、心脏、气管和食道。腹腔内有肝、脾、胃、肠、肾。盆腔内有直肠、膀胱和生殖器官等。每种器官是由几种不同类型的组织所组成。

系统。 人体内许多器官相连合组成若干系统，包括消化系统、吸收系统、泌尿系统、循环系统、运动系统、神经系统、内分泌系统、生殖系统等。如消化系统包括口腔、咽、食道、胃、小肠、大肠和唾液腺、肝、胰，它们共同完成对食物的消化和吸收。运动系统主要由骨、关节、肌肉三部分组成，它们起着保护、支持和运动的作用。人体各系统的活动都是在神经系统的调节与控制下进行的，从而使人体形成统一的有机整体。

二、全民健康操理论基础——人体功能医学

1987年2月11日中国著名科学家钱学森教授提出了"第四医学——人体功能医学"理论。钱学森教授指出，第四医学不是直接对付疾病的，第四医学是用"性命双修"来提高人体的功能状态，人体的功能状态提高了，人体的生理潜能就发挥出来了，人体的功能素质将提高到前所未有的高度，这就是人体科学的社会任务，应该是社会主义中国的国家目标。

钱学森教授创立的"第四医学——人体功能医学"理论，是指导研究人体健康的理论基础。人体是由36个部位和七对大关节组成的有机整体。人体每个部位和关节都承担着特定功能，这诸多特定功能构成了人体生理部位器官功能的有机整体性、统一性与协调性。人体颈、肩、腰、四肢、关节和头、手、足构成了人体骨架结构，这些部位健康能够支撑、带动、影响和修复全身部位健康，上述部位的健康是研究"第四医学——人体功能医学"的核心内容。开发人体生理部位的潜能，需要研究人体生理结构、组织器官、系统构成等的内在机理。习练人体生理部位健康操，必须坚持人体形态结构与功能统一、人体局部结构与全身统一、人体生存发展与环境统一的整体运动思路。

理论和实践证明，科学习练人体颈、肩、腰、腿、关节、头、手、足等部位健康操，能使骨骼、关节、肌肉新陈代谢加快，骨密度增厚，关节柔韧性增大，肌肉收缩力增强，从根本上做到人体各部位生理机能充满生机活力，从而保证了人体生理部位机能达到健康状态。长期习练人体健康操，能使心脏收缩力量增大，消化吸收机能提高，呼吸系统功能改善，提高了神经系统的调节能力，改善了神经过程的灵敏性与均衡性，从而增强了神经系统的功能。按照中医脏腑经络理论，在人体一定的部位或穴位上，运用适度的搓揉或按摩方式，进行舒筋活血、疏通经络与调和脏腑，能够达到强身健体、祛除病痛和延年益寿作用。习练人体健康操能有效活动人体生理部位与穴位，能有效活动人体脏腑与经络，能有效焕发人体部位生理机能，是适合各类人群生理结构特点的健康运动健身方式。

三、习练、开发、创编健康操重要意义

1.人体生理需要

人体是由36个部位和七对大关节组成的有机整体，按照用进废退理论，长久不运动的器官会萎缩退化，机体器官早衰，适应能力减退，抵抗能力下降。习练人体生理部位健康操，能焕发、保持和提高人体部位生理机能健康状态，是适应人体生理结构特点需求的健康运动健身最佳方式。

2.国情民情需要

中国是进入老龄社会的发展中大国，人口众多，目前国家没有更多财力支付全民生老病死费用，绝大多数家庭没有更多经济收入支付特殊运动方式和专业场地运动发生的费用。健康操是不需要特殊场地、不用专业器材、不受气候影响、不另外花钱的运动方式，是适合各类人群健身健康最安全、最经济、最方便、最有效的运动方式，其综合优势是其他运动方式无法比拟的。

3.社会现实需要

目前各类人群普遍运动量不足，是造成儿童、少年体质差，造成青年、中年亚健康，造成部分老年人衰老快的主要原因，也是造成慢性病发病率持续快速上升和慢性病治疗费用急剧增加的重要原因。实践证明，健康操运动能加快人体血液循环，提高人体新陈代谢能力，使人体器官充满生机活力，推迟人体生理器官衰老过程，从而使人身心健康，延年益寿。

4.专家特别强调

专家特别强调运动健身健康，唐代大医学家、运动健身健康专家孙思邈主张"以动养生"，他亲自创编了众多运动养生方法，丰富了中国运动医学宝库。中国康复医学会颈椎病委员会主任娄思权教授指出：90%~95%颈椎病经过非手术治疗可以获得痊愈或缓解，"颈椎体操"能使颈椎保持年轻健康状态。

四、习练、开发、创编健康操宗旨内容

1.围绕人体生理部位习练开发健康操

在人体生理结构中，颈、肩、腰、四肢、关节和头、手、足部位构成了人体骨架结构，支撑着全身部位和器官，人体骨架结构健康最重要，如同几十层高楼大厦框架结构，只要框架结构不歪不倒，高楼大厦便不会坍塌。人体健康首先要做到骨架结构健康，就是做到颈、肩、腰、四肢、关节和头、手、足等部位健康，这些部位健康直接影响和带动全身部位健康。

2.有效保障全民运动健身健康

为减少人体颈、肩、腰、四肢、关节和头、手、足等部位的疾病发病率和给病人带来的痛苦，为降低慢性病治疗费用和给家庭与国家带来的沉重负担（根据国家卫计委 2017 年 11 月召开的例行发布会信息，我国高血压患者人数超过 2.7 亿人，2013 年由高血压带来的直接经济负担 2103 亿元，占中国卫生总费用的 6.61%，全国卫生总费用为 19.85 万亿元）。刘海山先生按照"治未病"（预防疾病发生）、"防转变"（防止轻病转重病）、"促康复"（促进疾病康复）、"强体

魄"（增强身体健康）的运动健身思路，力求探索出符合国情与民情的运动健身健康新途径。经过二十年习练、研究、开发和创编，形成了具有天津市全民健身健康特色，在全国系统论述人体生理部位的"全民健康操丛书"系列专著，每一卷专著做到图文并茂，附有千个动作图示，易学易懂，读者一看就会，按图运动效果最佳，各卷专著内容与动作为全民健身健康提供了运动教材。

3.分步创编出版"全民健康操丛书"

通过二十年习练、研究、开发和创编健康操，在做到自身健康的基础上，积累了大量人体生理部位运动实践资料，将分步陆续创编出版"全民健康操丛书"。第一步，围绕人体颈、肩、腰、腿和关节部位健康，创编出版了"全民健康操丛书"首卷——《颈腰腿关节操100套》，在天津市政协和关工委领导的支持下，已于2014年8月由金盾出版社出版发行，深受全国读者欢迎。该书经天津市抗衰老学会申报，被天津市科学技术委员会评选为"天津市2015年健康科普图书奖"，在天津市社区、社会和企事业单位进行了推广交流，受到群众欢迎。第二步，围绕人体最大生理部位——腿部，创编出版了"全民健康操丛书"第二卷——《全民健康操（腿保健、单腿操150套）》，该书出版获得天津市科学技术委员会立项支持。第三步，围绕人体头手足与脏腑部位健康，将创编出版"全民健康操丛书"第三卷——《头手足部位操》。第四步，学习吸纳国际先进技术知识，通过实践结合国情和民情，将创编出版"全民健康操丛书"第四卷——《人体生理部位毫米波运动疗法》等。

五、习练、开发、创编健康操机理效果

1.健康操能焕发人体部位生理机能

科学习练人体健康操能使骨骼、关节、肌肉新陈代谢加快，骨密度增厚，关节柔韧性增大，肌肉收缩力增强，从根本上使人体各部位机能充满生机和活力，保证了人体部位机能达到健康状态。习练健康操能使心肌收缩力量增大，消化吸收机能提高，呼吸系统功能改善，还可提高神经系统的调节能力，改善神经过程灵敏性和均衡性，增强神经系统功能。对中老年人群，保持身体良好肌力，减慢肌体萎缩和退化速度，推迟骨质疏松时间，延缓衰老过程具有重要作用，按照中医脏腑经络理论，在人体一定的部位或穴位上，运用不同的搓揉或按摩运动方式，进行舒经活血、疏通经络和调和脏腑，能达到强身健体、祛除病痛和延年益寿的作用。健康操能有效活动人体部位和穴位，有效活动人体脏腑和经络，是适应各类人群生理结构特点的健身方式。

2. 健康操富有新时代创新性

"全民健康操丛书"健身方法与传统体操、广播体操具有很大的不同。"全民健康操丛书"是在习练基础上，吸收中外古今成功的经验和做法，增添了许多新内容、新形式和新做法；既继承传统，又不墨守成规，给今后的学习者、运动者留有创新的空间和余地。"全民健康操丛书"具有以下创新性：

（1）内容创新性。突出人体骨架结构健康，突出了人体部位对人体健康的优势互补作用，突出了适用各类人群健身健康，适当介绍了人体部位医学知识，并附有相关部位运动图示。

（2）结构创新性。丛书结构力求系统完整，每卷书围绕人体几个关键部位介绍多套切实可行的运动健身方式，可供读者健身选择。

（3）量化创新性。身体健康是长期运动积累形成的，运动健身健康必须有一定的运动量，通过量变达到质变。各卷书在运动时间、运动数量、运动频率均给出量化参考数字。

（4）实效创新性。各卷书的健康操针对目前人体生理结构部位常见病和多发病治疗费用逐年剧增情况，是按照"未病先防"和"治未病"预防需求开发创编的，具有较强的针对性和实效性。

3. 专家对健康专著给予了客观评价

根据2011年11月15日天津市政协原主席邢元敏的批示，2012年3月27日天津市政协医卫文体委员会组织天津体育、医卫专家对"全民健康操丛书"第一卷《颈腰腿关节操100套》和第二卷《全民健康操（腿保健、单腿操150套）》书稿与动作进行了评审论证，专家们认为：健康操健身最符合中国国情和民情，是全民健身最安全、最经济、最方便、最有效的健身方式，也是防病和治病、减少慢性病治疗费用的最有效手段。通过健康操科学运动，能够充分活动和焕发人体部位生理机能。

4. 作者身心健康说明了健康操实际健身健康效果

本书作者与动作演示者刘海山先生今年80岁，是天津市知名老龄运动健身健康志愿者，天津市市民健康榜样，天津市颈肩腰腿关节部位健康巡讲专家。通过20年习练、研究、开发、创编健康操，始终保持了身心健康，20年未患过任何疾病，没有吃过一粒药，目前耳不聋、眼不花、腰不弯、背不驼、四肢有力、关节灵活、五脏六腑正常，还练就出颈、腰、腿人体关键部位运动健身健康绝技绝活，2003年11月，曾挑战申报过颈运动吉尼斯纪录，在多种场合展现了中国老年人的健康风采。

六、全民健康操对人体生理部位功能的影响作用

1. 对骨骼形态结构的影响

运动能使骨密度增厚、骨颈变粗和骨面肌肉附着处凸起增加。运动强度和压力的变化,使骨小梁排列更加清晰有规律。运动使骨新陈代谢加快,骨血液循环得到改善。随着骨骼形态结构的变化,骨变得粗壮与坚固,提高了抗折、抗压与抗扭方面性能。运动对儿童少年和老年人尤为重要,儿童少年时期骨新陈代谢旺盛,适量运动对骨的生长发育有良好作用;人到中老年骨的新陈代谢开始衰退,适量运动对中老年保持骨的弹性、延缓骨的衰老具有重要作用。

2. 对关节形态结构的影响

运动能使骨关节面软骨密质增厚,关节周围肌肉力量增强,肌腱与韧带增粗,关节稳定性增大,关节能承受更大的负荷。长期进行柔韧性运动,能增加关节囊周围肌腱、韧带和肌肉的伸展性,使关节运动幅度增加。科学习练人体健康操,能使人体七对大关节和手、足关节柔韧性增强。

3. 对肌肉形态的影响

运动能使肌纤维增粗,肌纤维数量增加,肌肉体积增大。肌肉线粒体是肌肉细胞的供能中心,线粒体增加为肌肉提供了更多能量,从而使肌肉耐力增强。运动使肌肉纤维周围毛细血管增多,血液循环加快。科学习练人体健康操,使肌肉组织的科学成分发生了变化,有效提高了肌肉的收缩能力。

4. 对心血管形态结构与功能的影响

运动使心脏的重量增加与体积增大,一般人心脏重量为300克,运动员可达400~500克。运动使心肌纤维增粗,收缩蛋白增多。运动使心脏收缩力增大、心腔容量增大、心脏内分泌功能增强,血流量增加改善了心脏营养。运动还能调节心脏水电介质平衡,维持机体内循环相对稳定。运动使血管动脉弹性纤维与平滑肌增厚,血管壁弹性增强,血管脉动加大有利血液循环。运动使骨骼肌肉毛细血管增多和口径增大,改善了血管供血,提高了血管的功能作用。

5. 对中枢神经系统的影响

运动使人体各器官系统互相协调的功能增强,这种功能活动依赖于神经系统支配与调节。运动提高了神经系统的调节能力,改善了神经过程的灵活性和均衡性,有效增强了神经系统的功能。人体健康操对儿童少年和中老年增强体质,促进智力发育和延缓衰老起到重要作用。

6.对内脏器官的影响

运动增大了胃肠按摩,提高了胃肠的消化吸收性能。运动使呼吸加快,需氧量增加,肺胞腔内细胞增多,肺胞与呼吸膜变化,改善了肺组织呼吸功能。运动提高了肾小管对蛋白质的吸收机能,肾小球毛细血管扩张,肾功能得到增强。

7.对免疫机能的影响

免疫机能是人体抵抗力的标志,是人体体质代表性指标。研究实践证明,适量运动能有效提高人体免疫机能,能有效降低传染性疾病的患病风险。

8.运动能预防常见病与多发病

研究实践证明,适量运动能促进脂肪氧化和降低糖源贮存,预防高脂血症发生;运动能起到防治高血压作用;运动对糖尿病具有控制作用等。

七、健康操科学运动创新理念

为深入贯彻习近平新时代中国特色社会主义思想和党的十九大精神,落实习近平总书记"**没有全民健康,就没有全面小康**""**体育强则中国强,国运兴则体育兴**"重要讲话精神,全面提高天津人民健康水平和幸福感,新时代全民运动健身健康应树立的创新理念。

1.人体生理部位健康

中国著名科学家钱学森教授提出了第四医学——人体功能区学,是用"性命双修"来提高人体部位功能状态。实践证明,通过运动能够焕发人体部位生理机能,提高人体部位功能状态,增强人体健康素质,研究实践人体功能医学是人体科学的社会任务,也是建设健康中国的发展目标。

2.人体骨架结构健康

人体颈、肩、腰、四肢、关节和头、手、足等部位构成了人体骨架结构,人体骨架结构支撑着人体所有部位,骨架结构健康能够支撑、带动、影响和修复全身部位健康,骨架结构健康对人体健康起到重要保障作用。

3.人体双腿部位健康

"人老腿先衰",腿是人体的承重墙和顶梁柱,人体大骨骼、大关节和大肌肉都在腿上,腿是人体的动力马达,马达失灵造成双腿无力,人体失去平衡,甚至发生跌倒。双腿健康对防衰老、防跌倒、防肥胖、防痴呆起到重要作用。

4.人体部位平衡健康

人体是由众多生理部位组成的有机整体。由于遗传、自身因素和社会环境影响,每个人的生理部位都有健康短板,也是人的生命短板。通过人体健康操科学运动,能够弥补人体生理部位健康短板,做到人体部位综合平衡健康。

5.中年健身老年健康

人从出生到生命终止经历了婴幼、少年、青年、中年、老年阶段。人到中年阶段生理部位机能开始衰退,健康状况急剧下降,此时通过运动焕发人体部位生理机能,能够有效抵补因生理部位衰退对健康造成的损失。只有中年健身增强身体健康,才能保障老年身体健康。

八、选择适合自身的运动健身健康方式

生命在于科学运动,健康需要长期积累,健身动作必须规范,防止运动损伤身体。为适应全民运动健身健康需要,近期国家体育总局发布了《全民健身指南》,为切实做到全民健身健康,每个单位和个人都应制订科学的长期运动规划,保障和提高运动的科学性与安全性。

《全民健身指南》根据不同体育运动特征,将运动项目分为有氧运动、力量运动、拉伸运动、球类运动和武术、气功等传统运动方式。每种运动方式都有其一定的运动内容、活动部位和运动效果,对全民健身健康和疾病防治能起到重要作用。

专家们认为,人体是由36个部位和七对大关节组成的有机整体,要做到人体各生理部位健康,最好选择多种方式进行人体综合运动。健康操属于有氧、力量、拉伸运动的综合运动方式,能有效活动人体各生理部位。健康操运动,对青少年能有效增强身体形态、身体机能和身体素质,达到健康状态;对中年人防止生理部位衰退、预防亚健康、保持肌体健康具有重要作用;对老年人延缓衰老、防骨质疏松、防跌倒、防肥胖、防痴呆等起到重要作用。实践证明,健康操是适合各类人群健身健康最安全、最经济、最方便、最有效的运动方式,全社会应大力推广普及。

上篇

腿保健

第一章　腿部知识

腿是人体最重要的生理部位,两腿健康程度是衡量人体是否衰老的重要标准。通过运动做到两腿健康,对人体健康尤其对中老年人防衰老、防骨质疏松、防跌倒、防智障、防肥胖和增强免疫能起到重要作用。

人在运动中,骨骼起着杠杆作用,骨连接(关节)起着枢纽作用,肌肉收缩起着运动的动力作用。本章简要介绍腿部骨骼、关节与肌肉的相关知识。

一、腿部骨骼知识

(一)骨分类

成年人骨骼有 206 块,分中轴骨和四肢骨。

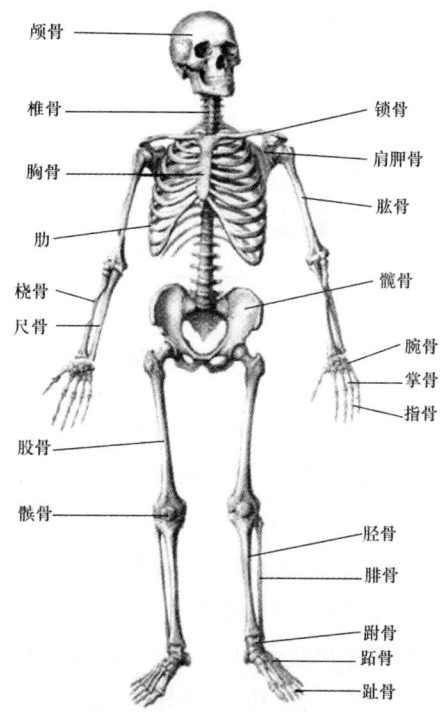

图 1-1-1　人体骨骼图示

1.中轴骨：80块

（1）颅骨：29块。①面颅骨与脑颅骨22块；②舌骨1块；③听小骨6块。

（2）躯干骨：51块。①椎骨26块；②肋骨24块；③胸骨1块。

2.四肢骨：126块

（1）上肢骨64块。①上肢带骨4块；②自由上肢骨60块。

（2）下肢骨62块。①下肢带骨2块；②自由下肢骨60块。

不同部位的骨骼形态各异，通常分为长骨、短骨、扁骨和不规则骨四类。长骨多呈管状，位于四肢。短骨呈立方形，如腕部和踝部。扁骨呈宽扁板状，位于中轴或四肢带部。不规则骨形状不规则，如椎骨。

（二）骨构造

人体器官的骨，由骨膜、骨质、骨髓及血管、神经等组成。骨具有保护、支持、负重、运动、造血及贮藏等功能。以长骨为例，骨的构造如下：

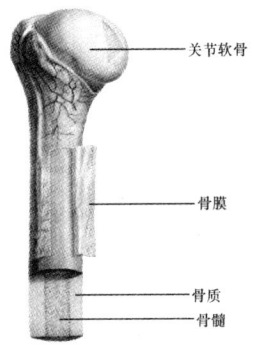

图1-1-2　骨构造

骨膜：包括骨外膜和骨内膜。骨外膜有血管、淋巴管和神经，具有骨质形成作用。骨内膜分布于骨髓腔内表及骨松质表面的结缔组织膜，具有造骨功能。

骨质：分为骨密质和骨松质，是骨的主要成分。骨密质是长骨的主要层，骨质厚而致密，具有坚硬和抗压、抗扭功能。骨松质位于骨的内部，形成骨小梁，具有承受抗压、扭曲与肌肉韧带拉力功能。

骨髓：充填于骨髓腔和骨松质网眼内，分为红骨髓和黄骨髓，红骨髓具有造血功能。当失血和贫血时，黄骨髓中的部分转化为红骨髓，起到造血功能。

（三）下肢骨

下肢骨由下肢带骨和自由下肢骨组成。

下肢带骨即髋骨（图 1-1-3）。自由下肢骨包括大腿骨、小腿骨和足骨。大腿骨即股骨，小腿骨包括胫骨和腓骨，足骨包括跗骨、跖骨和趾骨。下肢骨还包括位于膝关节前方参与组成膝关节的籽骨——髌骨。

1.下肢带骨。每侧下肢带骨各有一块髋骨，为不规则骨，由髂骨、坐骨和耻骨三部分通过软骨连接形成。

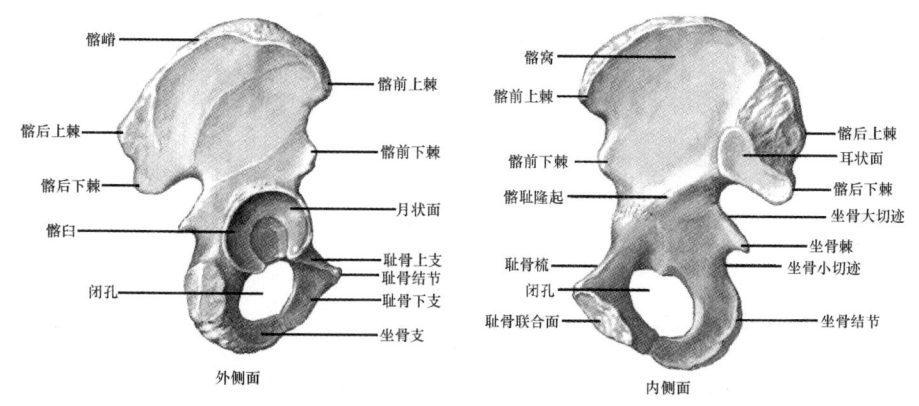

图 1-1-3　髋骨

2.自由下肢骨。由股骨、髌骨、胫骨、腓骨和足骨组成。

股骨（图 1-1-4）是人体最长的骨，约为身长的四分之一，由股骨体及上端、下端构成，上端与髋臼构成髋关节，下端连接髌面形成膝关节。

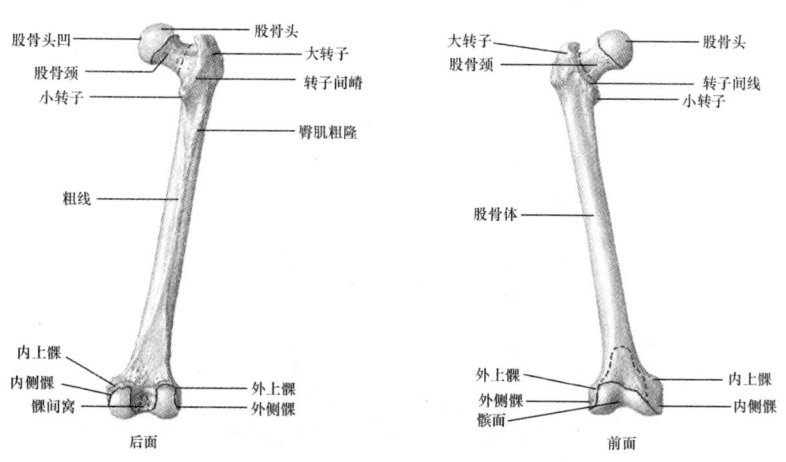

图 1-1-4　股骨

髌骨（图 1-1-5）是人体最大的籽骨，位于股四头肌腱内，与股骨髌面相连接。髌骨是膝关节的骨之一，加大了股四头肌的力臂，为膝关节动作创造了条件。

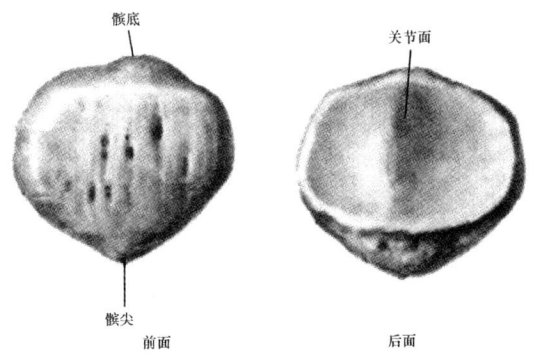

图 1-1-5　髌骨

胫骨（图 1-1-6）。小腿骨之一，位于小腿内侧，是典型的长骨，由骨体和上下两端组成。胫骨体粗大，呈三棱柱状，承受身体最大负荷，上端与膝关节相连接，下端与距骨连接构成踝关节。

腓骨（图 1-1-6）。腓骨细长，位于小腿外侧，由腓骨体、腓骨上端和下端组成。腓骨体细长，为人体测量的重要标志。腓骨上端与胫骨的腓关节面连接，腓骨下端为外踝，与外踝关节连接。

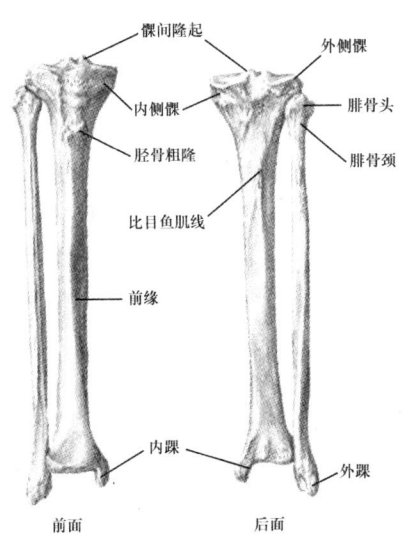

图 1-1-6　胫腓骨

足骨（图 1-1-7）包括跗骨、跖骨和趾骨。跗骨位于足的后半部，由距骨、跟骨、骰骨、足舟骨、外侧楔骨、中间楔骨与内侧楔骨七块骨组成。

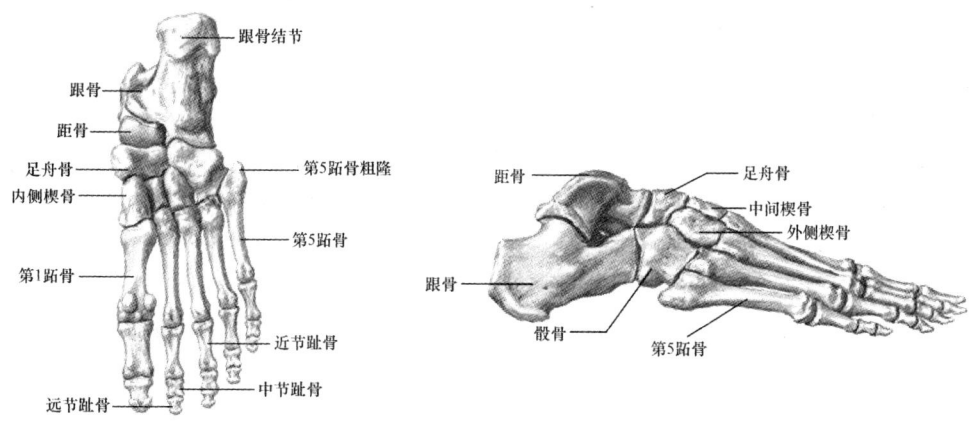

图 1-1-7　足骨

（四）运动对骨形态结构的影响

长期科学运动对骨形态结构会产生深刻的影响。一是长期科学运动能使骨密度增厚，骨径变粗，骨周围肌肉增长明显，骨小梁的排列依张力和压力的变化更加清晰有规律。二是长期科学运动能使骨的新陈代谢加强，血液循环加快，有助改善骨形态结构，使骨变得粗壮和坚固，抗折、抗压和抗扭性能得到提高。三是长期科学运动，锻炼项目多样化，专项运动与全面运动相结合，对于中老年人员增加骨的弹性、防衰老、防跌倒起到重要作用。

二、腿部关节知识

（一）关节类别

全身各骨之间借纤维结缔组织、软骨组织相连接的部位称为关节。根据骨间连接的组织、方式与活动情况的不同，关节分为不动关节、动关节和半动关节三类。

1.不动关节

骨间以结缔组织连接，中间没有间断和缝隙，运动范围很小或不能运动的关节称为不动关节。如颅骨缝隙连接、髋骨的髂骨连接等。

2.动关节（通常称为关节）

骨间借复杂的结构连接，中间有腔隙并失去联系性，又称有腔隙连接或间接连接。如人体下颚、肩、肘、腕、髋、膝、踝七对大关节。

3.半关节

动关节和不动关节之间的过渡连接形式,其特点是骨间借软骨直接相连,软骨内又有缝隙状腔隙,如趾关节等。

(二)关节构造

关节的构造包括主要结构和辅助结构两部分。关节主要结构为关节面、关节囊和关节腔。关节辅助结构由韧带、滑膜囊、滑膜襞、关节唇和关节内软骨构成。

1.关节主要结构

(1)关节面。相连的两关节面多为一凹一凸,凹的为关节窝,凸的为关节头,表面有一层关节软骨。关节面软骨为透明软骨,平均厚度1～5mm,终生不骨化。关节软骨承受巨大的应力和弹力,人在走路时,髋、膝关节的关节软骨承受人体重量的四倍应力。关节软骨浸透在滑液中,软骨间的摩擦系数小于0.002,便于关节活动,关节软骨的作用是减少摩擦和防震,是人体重要的缓冲装置。

(2)关节囊。附着在关节面周缘及附近骨面的结缔组织囊,外层叫纤维层,内层叫滑膜层,分泌滑液。滑液清亮,淡黄色黏蛋白液,略成碱性,正常情况下含量仅有0.3～2ml,其作用是营养关节软骨、半月板、关节盘和增加关节运动效能,减少关节表面摩擦,为关节提供良好的液态环境。

(3)关节腔。关节囊和关节面的密闭腔隙,腔内有滑液。关节腔内是负压,是维持关节稳定的重要因素。

2.关节辅助结构

关节辅助结构。韧带由致密结缔组织构成,对关节起加固作用。滑膜囊位于肌腱与骨之间,囊腔内有滑液,其作用是减少肌腱与骨间摩擦。滑膜襞填充在关节囊的空隙,使关节表面更加适应和巩固,缓冲震动和减少摩擦。关节唇附着在关节窝周缘的环状纤维软骨板,具有加深关节窝和增大关节面作用。关节内软骨位于关节腔内,分为关节盘和半月板,具有缓冲震动和增加关节运动幅度功能作用。

(三)关节运动

人体的关节运动通常是旋转运动,即运动环节绕关节的某个轴进行的,可分为以下四种。

1.屈伸运动

运动环节绕额状轴在矢状面内进行的运动,向前运动为屈,向后运动为伸,如肘关节运动。

2.水平屈伸运动

上臂在肩关节或大腿在髋关节处外展 90°,绕垂直轴在水平面内运动,向前运动为水平屈,向后运动为水平伸。

3.外展、内收运动

运动环节绕矢状轴在额状面内进行的运动。环节末端远离正中面为外展,靠近正中面为内收。手指以中指为标志,远离中指为外展,靠近中指为内收。

4.回旋运动

运动环节绕其本身的垂直轴在水平面内进行的运动,由前向内旋转(顺时针方向、右臂为例)为内旋,由前向外的旋转(逆时针方向、右臂为例)为外旋。

(四)下肢关节

下肢骨连接分下肢带关节和自由下肢关节两部分。下肢带骨的连接有骶、髂关节和耻骨联合(内容不作介绍)。此处重点介绍自由下肢关节。

1.髋关节(图 1-1-8)

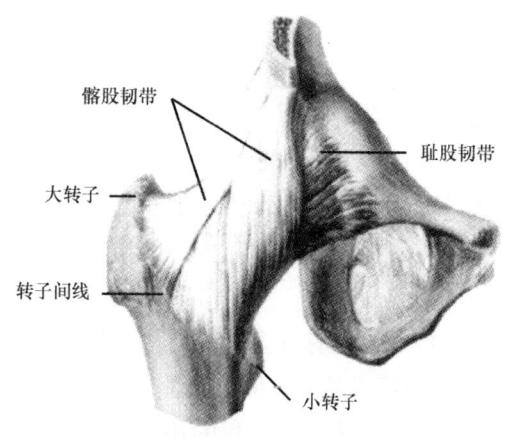

图 1-1-8 髋关节

髋关节由髋骨的髋臼和股骨头组成,是典型的球窝关节。髋臼周缘有髋臼唇加深,使股骨头与髋臼更加适应。关节囊很厚,股骨头的绝大部分被包在关节囊内。髋关节的韧带有:①髂股韧带,位于关节前面,是人体强有力的韧带之一,其功能作用是维持人体直立。②趾股韧带,位于髋关节内侧,其作用是限制大腿外展和外旋。③坐骨韧带,位于髋关节后面,其作用是限制大腿内收和内旋。④股骨头韧带,位于关节腔内,连接髋臼横韧带和股骨头凹,其作用是营养股骨头。

髋关节运动可绕三个运动轴作屈伸、展收、回旋、水平屈伸和旋转运动。髋关节囊较厚且紧张,关节窝深,并受到韧带的加固,造成髋关节坚固性大和灵活性小的特点。

2.膝关节(图1-1-9)

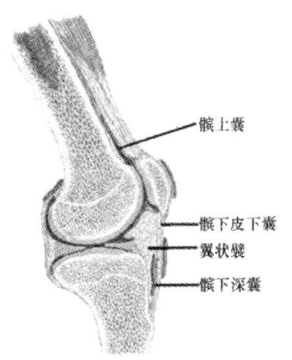
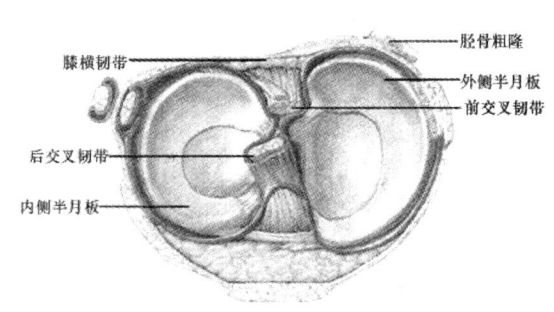

图1-1-9 膝关节

膝关节是人体中结构最复杂的关节,由股骨下端关节面、胫骨上端关节面和髌骨关节面组成。股骨内外侧踝关节面呈凸椭圆形,胫骨内外侧踝关节面为平面状,在股骨、胫骨踝关节面间有半月板,使之形状吻合。膝关节关节腔分为三部分:股骨内外踝与内外侧半月板上面之间,内外侧半月板下面与胫骨内外侧踝之间和股骨髌面与髌骨关节面之间。

膝关节在人体关节的特殊位置有许多辅助结构来加固该关节。

(1)半月板。半月板为纤维软骨,位于胫骨内外侧踝上,包括内侧半月板和外侧半月板,半月板表面附有滑膜。半月板的功能作用,是使股骨踝和胫骨踝关节互相吻合,传递负荷,吸收震荡,保护相连骨关节面,增强润滑,减少摩擦,维持关节的稳定和调节关节的内压。预防半月板受伤的有效措施:一是运动前做好准备活动;二是增强膝关节周围肌肉力量训练;三是保持膝关节姿势和用力顺序。

(2)膝关节韧带。①髌韧带位于髌骨下部,关节囊前方,其作用是从前方加固膝关节。②胫侧副韧带，位于关节囊内侧，与内侧半月板周缘相吻合，其作用是保护关节囊和半月板受伤。③腓侧副韧带，位于膝关节外侧，其作用是保护膝关节。④膝交叉韧带，位于关节囊内，为连接股骨与股骨间的强有力韧带，其作用是加固和保护膝关节。

（3）滑膜皱襞。位于髌骨下方，髌韧带两侧的翼状襞，襞内充满脂肪组织，起填充关节内空隙、防震和加固关节作用。

（4）滑膜囊。位于膝关节周围，起减少摩擦作用。

膝关节属于椭圆滑车状关节，绕额状轴可做屈伸运动。在屈膝位时，可绕垂直轴作旋内和旋外运动。髌骨在小腿作屈伸运动时可作上下滑动。

3.足关节（图1-1-10）

足关节包括踝关节和距跗关节。（此处只简要介绍踝关节）

踝关节。即距骨小腿关节，由胫骨下关节面、内踝关节面、腓骨外踝关节面、距骨滑车关节头组成。踝关节的关节囊前后松弛，有利于屈伸运动。两侧有韧带加固，内侧有三角韧带，外侧有距腓前韧带、跟腓韧带和距腓后韧带，踝关节韧带负伤尤以距腓前韧带为多，运动时做好防护。

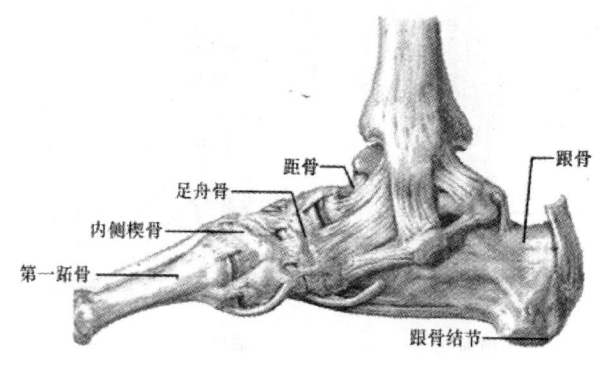

图1-1-10 足关节

踝关节可做屈伸运动（足向下为屈，或称足右屈；足向上为伸，或称背屈）。踝关节面前宽后窄，当足距屈时，窄部分进入关节窝，足可做侧方向运动（即内收外展）。

（五）运动对关节形态结构的影响

长期科学运动，能使骨关节面骨密质和关节面软骨增厚，承受更大负荷；能使肌腱和韧带增厚，骨附着处直径增大，胶原含量增加，单位体积内细胞增多；能增强关节周围肌肉力量，加大了关节的稳定性，使关节运动幅度增大。

三、腿部肌肉知识

人体内的肌肉分为骨骼肌、心肌、平滑肌三类，其中骨骼肌数量最多，占人体体重的40%~45%。肌肉的基本功能是收缩。人体运动及动作，都是由骨骼肌的收缩活动来实现的，内脏器官的活动，如胃肠道运动和心脏的收缩与舒张，是由平滑肌和心肌的收缩活动来完成的。肌肉的收缩活动是在中枢神经系统控制下，通过神经—肌肉的兴奋传递和肌肉细胞收缩与舒张实现的。

人体骨骼肌有600余块，绝大多数附着于骨骼上。（图1-1-11）

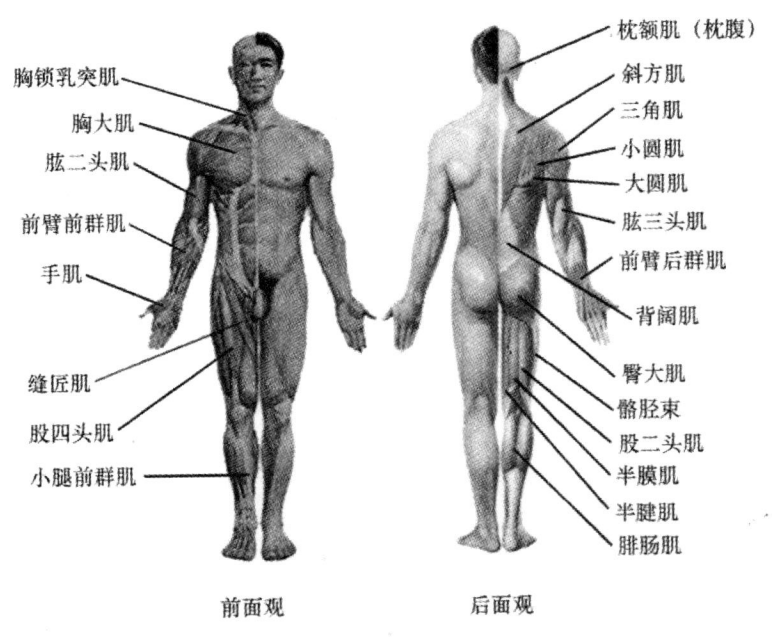

图1-1-11

（一）肌肉构造

每块肌肉是由中部的肌腹和两端的肌腱组成。肌腹由许多肌纤维构成，肌纤维由表面包裹着丰富的毛细血管网和结缔组织膜构成，结缔组织膜包裹众多肌纤维构成小肌束，结缔组织膜包裹众多小肌束构成大肌束，最后结缔组织膜包裹若干大肌束构成肌肉的肌腹。肌肉借肌腱附着于骨或筋膜上。肌腱坚韧可抵抗较大的张力，肌腱由许多胶原纤维构成，形成互相交织排列的辫状，可使肌肉力量均匀的作用于肌腱在骨上附着，并不受运动时关节角度的变化使肌肉力量受到影响。

每块肌肉都是一个器官，肌纤维上分布有神经纤维，大小肌束还有结缔组织、血管、淋巴管等。肌腹和肌腱中分布有神经末梢，来自中枢神经系统中的冲动经此传至肌肉，实现各肌肉之间的协调运动。肌肉血管还分布有交感神经纤维，用以调节骨骼肌的代谢，实现营养功能，促进生长发育。

（二）下肢肌肉

下肢肌肉包括盆带肌、大腿肌、小腿肌和足肌。

1. 盆带肌

盆带肌分前后两群，前群起自骨盆内面，后群起自骨盆外面。

前群（内侧群）：

（1）髂腰肌

位置：位于腰椎两侧及髂窝内，由腰大肌和髂肌组成。腰大肌为单羽状肌，髂肌呈扇形。

功能：髂腰肌是一块强有力的肌肉。近固定时，使大腿屈和外旋。远固定时，单腿站立一侧收缩，使脊柱向同侧屈和旋转，两侧收缩使脊柱前屈和盆骨前倾（如做直腿体前屈和仰卧起坐动作）。

习练正踢腿、高抬腿跑、悬垂举腿、仰卧起坐、仰卧剪腿，能发展髂腰肌力量。

（2）梨状肌

位置：位于骶骨前面，经坐骨大孔穿出，坐骨大孔分梨状肌上孔和梨状肌下孔，两孔中有血管和神经通过。坐骨神经从梨状肌下孔出骨盆到下肢肌肉和皮肤。

功能：近固定时，使大腿外展和外旋。远固定时，一侧收缩使骨盆转向对侧，两侧收缩使骨盆后倾。

我国有近 30% 的人，腓总神经从梨状肌中部穿出，如果梨状肌损伤，会压迫坐骨神经引起腰腿痛。运动医学称之为"梨状肌损伤综合征"。

后群（外侧群）：

（1）臀大肌

位置：位于骨盆后外侧，臀部皮下，呈宽厚的四方形，肌纤维厚粗。

功能：近固定时，使大腿伸和外旋，上部肌纤维收缩使大腿外展，下部收缩使大腿内收。远固定时，一侧肌肉收缩使骨盆转向对侧，两侧肌肉同时收缩使骨盆后倾。臀大肌在攀登、斜坡跑、上下楼时起较大作用。

习练后踢腿、俯卧背腿、腿屈伸、后蹬跑步、斜坡跑步、蛙跳、跨跳等动作能发展臀大肌力量。

（2）臀中肌和臀小肌

位置：位于髂骨翼外面。臀中肌位于臀大肌深层，臀小肌位于臀中肌深层，均为羽状肌。

功能：近固定时，使大腿外展，前部使大腿屈和内旋，后部使大腿伸和外旋。远固定时，一侧肌肉收缩使骨盆向同侧倾，两侧肌肉收缩前部纤维使骨盆前倾，后部肌纤维使骨盆后倾。

该两块肌肉是走步和站立时保持良好姿态的重要肌肉。习练侧踢腿和侧腿平衡动作，能发展梨状肌和臀中肌和臀小肌力量。

2.大腿肌（图1-1-12、1-1-13）

大腿肌分为前外侧群、后群和内侧群。

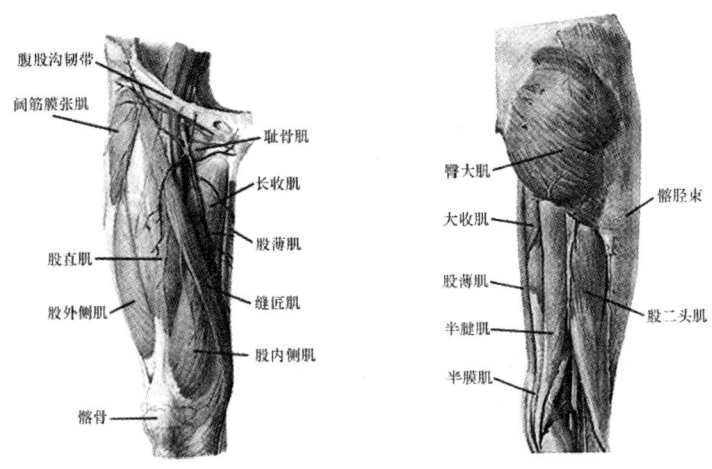

图 1-1-12　大腿肌前群肌　　图 1-1-13　大腿肌后肌群

前外侧群：

（1）股四头肌。

位置：股四头肌包括骨直肌、骨中肌、骨外侧肌和骨内侧肌四块，位于大腿前面，是人体最大的肌肉，为羽状肌。

功能：近固定时，使小腿伸，骨直肌使大腿屈。远固定时，可使大腿在膝关节处伸，是维持人体直立的重要肌肉。髌骨的存在增大了股四头肌的力矩和旋转力矩。

习练立定跳远、纵跳摸高、深蹲起等动作，能发展股四头肌的力量。

（2）缝匠肌

位置：位于大腿前内侧，是人体最长的肌肉，呈梭形。缝匠肌和骨直肌都跨过了髋关节和膝关节，为双关节肌。

功能：近固定时，使大腿屈和外旋，使小腿屈和内旋。远固定时，两侧肌肉收缩，使盆骨前倾。

（3）阔筋膜张肌

位置：位于大腿前外侧，被股阔筋膜包裹，为梭形肌。

功能：近固定时，使大腿屈、外展和内旋。

后群：

（1）股二头肌

位置：位于大腿后外侧浅层，呈梭形肌，有长头、短头两块。

功能：近固定时，长头肌使大腿伸，并使小腿屈和外旋。远固定时，使大腿在膝关节处屈，小腿伸直时使骨盆后倾。

（2）半腱肌和半膜肌

位置：位于大腿后内侧，半膜肌在半腱肌深层。半膜肌下半为腱，半膜肌上半为腱膜，均为羽状肌。

功能：近固定时，使大腿伸，并使小腿屈和内旋。远固定时，使大腿在膝关节处屈，小腿伸直使骨盆后倾。

股二头肌、半腱肌和半膜肌合称股后肌群（股三弦肌），都是双关节肌。习练立定跳远、后蹬跑、纵跳摸高、俯卧背腿、正压腿、正踢腿、侧踢腿等动作能发展上述肌肉的力量和伸展性。

内侧群：

（1）趾骨肌、长收肌和短收肌

位置：趾骨肌位于大腿上部内侧（髂腰肌内侧），为羽状肌。长收肌位于趾骨肌内侧，短收肌位于趾骨肌和长收肌深层，均为三角形扁肌。

功能：近固定时，使大腿屈、内收和外旋。远固定时，使骨盆前倾。

（2）大收肌

位置：位于大腿内侧深层，为扁阔倒三角形。

功能：近固定时，使大腿内收、伸和外旋。远固定时，使骨盆后倾。

（3）股薄肌

位置：位于大腿内侧浅层，为长扁形肌。

功能：近固定时，使大腿内收，使小腿屈和内旋。远固定时，使骨盆前倾。

习练侧压腿、侧踢腿、侧控腿、外摆腿等动作能发展内侧肌群的伸展性。

3.小腿肌（图 1-1-14、图 1-1-15）

小腿肌分前群、后群和外侧群。

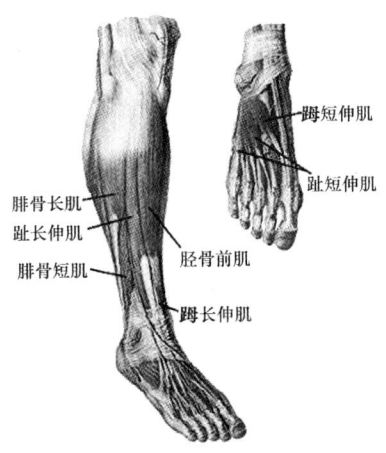

图 1-1-14 小腿前群肌

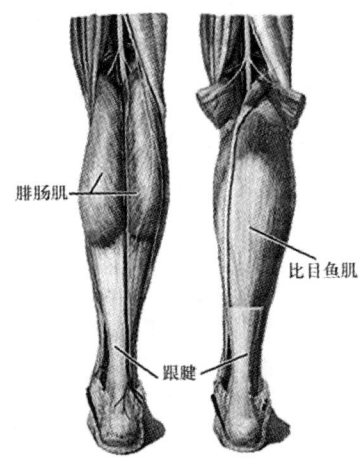

图 1-1-15 小腿后群肌

前群：小腿前肌群

（1）胫骨前肌

位置：位于小腿前外侧浅层，为梭形肌。

功能：与腓骨长肌腱形成肌腱维持足弓。

（2）趾长伸肌

位置：位于胫骨前肌外侧，为半羽肌。

功能：该肌有 5 条腱，其中 4 腱止于第 2～5 趾节趾骨。近固定时，使足伸和外翻，使 2～5 趾伸展。

（3）拇长伸肌

位置：位于胫骨前肌外侧，于趾长伸肌之间，为单羽状肌。

功能：近固定时，使拇指伸，使足伸和内翻。

习练勾脚与拇指动作能发展拇长伸肌的力量。

后群：小腿三头肌（右）

（1）小腿三头肌

位置：位于小腿后部浅层，由腓肠肌和比目鱼肌组成。

功能：近固定时，使足跖屈、腓肠肌在膝关节处屈小腿。远固定时，在膝关节处拉大腿向后，协助伸膝，维持人体直立。

（2）趾长屈肌：小腿后群肌深层（右）

位置：位于小腿三头肌深层内侧，为羽状肌。

功能：该肌有 4 条腱与第 2～5 趾节趾骨连接，具有屈趾和协助足跖屈及内翻。

（3）拇长屈肌

位置：位于小腿三头肌深层外侧，为羽状肌。

功能：屈拇指原动肌，协助足跖屈和内翻。

（4）胫骨后肌

位置：位于小腿三头肌深层，拇长屈肌和趾长屈肌之间，为半羽肌。

功能：足内翻原动肌，协助足跖屈。

习练后蹬、上坡跑、原地跳跃、跨步跳跃、跳绳、摸高等动作能发展上述肌肉力量。习练勾脚尖、正压腿和前控腿等动作能发展上述肌肉的伸展性。

外侧肌群：小腿外侧肌群（右）

腓骨长肌和腓骨短肌

位置：位于小腿外侧，腓骨短肌在腓骨长肌深层，为羽状肌。

功能：足外翻的原动肌，协助足跖屈，维持足弓功能。

（三）肌肉运动知识

1.肌肉形态（图 1-1-16）

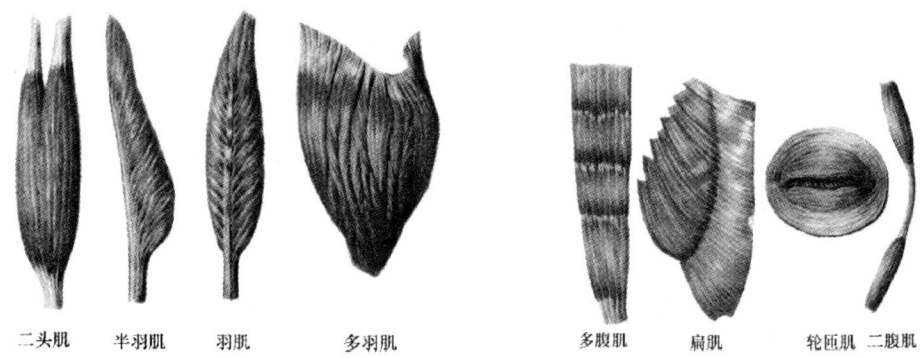

二头肌　半羽肌　羽肌　多羽肌　　多腹肌　扁肌　轮匝肌　二腹肌

图 1-1-16　肌的形态

骨骼肌的形态多种多样，与功能相适应。根据肌肉外形可分为长肌、短肌、扁肌和轮匝肌四种。

长肌主要分布在四肢，收缩可引起大幅度运动。短肌主要分布在躯干深部，能持久收缩并发挥巨大力量。扁肌主要分布在胸、腹壁，有保护内脏器官作用。轮匝肌主要分布在孔裂周围，纤维呈环状，收缩时可使孔裂缩小或关闭。

长肌根据头数分为二头肌、三头肌和四头肌。根据肌纤维排列方向又可分为梭形肌、多羽状肌、羽状肌、半羽肌等。

2.肌肉的物理特性

骨骼肌的物理特性为伸展性、弹性和黏滞性。肌肉在外力作用下被拉长的特性叫做伸展性。当外力解除被拉长的肌肉可恢复到原状的特性叫做弹性。肌肉的伸展性和弹性表示肌肉的柔韧性。在身体运动时，有计划地增大肌肉的伸展性和弹性，对加大运动幅度、增强关节柔韧性，预防肌肉拉伤具有重要作用。

肌肉的黏滞性是肌肉收缩或拉长时，肌纤维之间、肌肉之间或肌群之间进行摩擦的外在特性。肌肉收缩或被拉长时会产生阻力，额外消耗一定的能量。肌肉黏滞性大小与所处温度有关，温度低，黏滞性大。当天气温度低，运动时要做好准备活动，用以增加体温减少肌肉黏滞性，可以提高肌肉的收缩和放松速度，以防肌肉拉伤。

3.肌肉的协作关系

人们的体育动作多数为复杂动作，需要数块肌肉或肌群的协调工作，使环节产生各种各样的运动或人体维持某种姿势。根据肌肉在运动中所起的作用，肌肉可分为原动肌、主动肌、次动肌、对抗肌、固定肌和中和肌。直接完成某动作的肌肉叫做原动肌，如肱肌、肱二头肌、肱桡肌和旋前圆肌四块肌肉是屈肘关节的原动肌。其中肱肌、肱二头肌在原动肌中起主要作用，故叫原动肌。后两块肌肉起次要作用，故叫次动肌（副动肌）。

与原动肌功能相反的肌肉叫对抗肌，如肱三头肌就是屈肘关节肌的对抗肌，当肘关节作伸动作时则相反。将原动肌定点所附着的骨固定的肌肉叫固定肌，如做前臂弯举动作时肩关节周围必须固定肱骨，肩关节周围的肌肉称为固定肌。原动肌通常具有多种功能，为了发挥主要功能必须限制或抵消其他功能，这些限制或抵消原动肌其他功能的肌肉称为中和肌。

4.肌肉动作分类

肌肉工作分为动力性工作和静力性工作两类。

动力性工作。肌纤维紧张维持时间短，收缩和放松不断交替，经常改变拉力角度、方向及骨杠杆的位置，称为动力性工作。动力性工作分为向心工作（克制工作）和离心工作（退让工作）。肌肉收缩克服阻力，肌力大于阻力，使运动环节朝肌肉拉力方向运动的称为向心工作，如三角肌和冈上肌使肩关节外展的工作性质。肌肉在用力作用下被拉长，阻力大于肌力，使运动环节朝肌肉拉力相反方向运动的称为离心工作，如做屈膝缓冲动作股四头肌的工作性质。

静力性工作。肌纤维紧张持续一段时间，收缩和放松不交替，使运动环节固定、维持一定身体姿势的肌肉工作称为静力性工作。静力性工作分为支持工作、加固工作和固定工作。如双杠直角支撑动作、髋关节屈肌和腹肌是做支持工作。如拔河相持时，肘关节周围的肌肉是做加固工作。如人体站立时，膝关节周围工作是固定工作。

5.肌肉功能分析

研究肌肉功能的方法专指解剖分析法。一是根据肌肉的固定情况进行分析。肌肉通常两端固定相应骨上，肌肉工作时，一端运动明显称为动点，另一端称为定点。肌肉收缩时，定点在近侧端叫近固定，定点在远侧端叫远固定。肌肉收缩时，定点在上的称为上固定，定点在下的称为下固定。分析肌肉工作，通常是分析近固定或上固定时的肌肉功能。二是根据肌肉拉力线跨过关节运动轴的情况进行分析。肌肉拉力线（肌肉合力作用线）从额状轴前方跨过，肌肉收缩可使关节屈；肌肉拉力线从矢线轴上方跨过，肌肉收缩时可使关节外展；肌肉拉力线由前向外跨过垂直轴，肌肉收缩时可使关节内旋；肌肉拉力线与环节纵轴线平行，肌肉收缩时不能使环节回旋。

（四）运动对肌肉形态结构的影响

科学的力量运动对肌肉形态结构产生巨大影响，概括起来是：

1.肌肉体积增大。科学的力量运动能使肌纤维增粗 10%，从而产生肌肉体积增大。

2.肌纤维中线粒体数量增多。科学的力量运动能使线粒体增多，为肌肉提供更多的能量，以适应耐力的需要。

3.肌纤维周围毛细血管增多。科学的力量运动能使骨骼肌内毛细血管和肌纤维间的毛细血管数量增多，运动后使单位体积肌纤维毛细血管表面积增大。

4.肌肉内化学成分发生了变化。长期坚持运动，人体肌肉组织内的化学成分发生了变化，如肌糖原，肌球蛋白，肌红蛋白水分的含量得到增加，有利于提高肌肉的收缩能力，增强骨骼肌的有氧氧化能力。

（五）下肢肌肉与下肢关节运动介绍

1.髋关节

屈髋关节的肌肉：髂腰肌、股直肌、缝匠肌、阔筋膜张肌和趾骨肌等。

伸髋关节的肌肉：臀大肌、大收肌、股二头肌、半腱肌和半膜肌等。

外展髋关节的肌肉：臀中肌、臀小肌、臀大肌上部和梨状肌等。

内收髋关节的肌肉：大收肌、长收肌、短收肌、臀大肌下部、股薄肌和趾骨肌等。

外旋髋关节的肌肉：髂腰肌、臀大肌、梨状肌、臀中肌、臀小肌后部和缝匠肌等。

内旋髋关节的肌肉：臀中肌、臀小肌前部和阔筋膜张肌等。

2.膝关节

屈膝关节的肌肉：腓肠肌、股二头肌、半腱肌、半膜肌和股薄肌等。

伸膝关节的肌肉：股四头肌等。

外旋膝关节的肌肉：股二头肌、腓肠肌等。

内旋膝关节的肌肉：缝匠肌、半腱肌、半膜肌、股薄肌、腓肠肌等。

3.足关节

屈足关节的肌肉：小腿三头肌、拇长屈肌、趾长屈肌、胫骨后肌、腓骨长肌、腓骨短肌等。

伸足关节的肌肉：胫骨前肌、拇长伸肌、趾长伸肌等。

内翻足关节的肌肉：拇长屈肌、趾长屈肌、胫骨前肌、胫骨后肌等。

外翻足关节的肌肉：腓骨长肌、腓骨短肌、趾长伸肌等。

下肢肌肉维持身体直立的主要肌肉：臀大肌、股四头肌、小腿三头肌等。

（六）肌肉力量与伸展性练习（徒手）

1.肌肉力量练习动作介绍

下述徒手动作对增强肌肉力量能起到重要作用。

（1）俯卧撑。有助增强前锯肌、胸大肌、肱三头肌等肌肉力量，能发展肩胛骨前伸、肩关节屈、肘关节伸各肌群力量。

（2）冲拳。有助增强前锯肌、胸大肌、肱三头肌、旋前圆肌的力量，能发展肩胛骨前伸、肩关节屈、肘关节伸和内旋肌群力量。

（3）正踢腿。有助增强髂腰肌、股直肌等肌肉力量，能发展髋关节屈肌群力量。

（4）立定跳远。有助增强臀大肌、股四头肌、小腿三头肌等肌肉力量，能发展髋关节伸肌、膝关节伸肌、足关节屈肌各肌群力量。

（5）后蹬跑。有助增强臀大肌、股四头肌、小腿三头肌等肌肉力量，能发展髋关节伸肌、膝关节伸肌、足关节屈肌各肌群力量。

（6）后摆腿。有助增强臀大肌、大收肌、股二头肌、半腱肌、半膜肌的肌肉力量，能发展髋关节伸肌群力量。

（7）侧踢腿。有助增强髂腰肌、股直肌、臀中肌等肌肉力量，能发展髋关节屈和外展肌群力量。

（8）深蹲起。有助增强竖脊肌、臀大肌、股四头肌、小腿三头肌等肌肉力量，能发展脊柱伸肌、髋关节伸肌、膝关节伸肌、足关节屈肌各肌群力量。

（9）仰卧剪腿。有助增强髂腰肌、股直肌等肌肉力量，能发展髋关节屈肌群力量。

（10）仰卧起坐。有助增强髂腰肌、股直肌、腹直肌等肌肉力量，能发展髋关节屈肌、脊柱屈肌两肌群力量。

（11）仰卧举腿。有助增强髂腰肌、股直肌、腹直肌等肌肉力量，能发展髋关节屈肌、脊柱屈肌两肌群力量。

（12）仰卧两头起。有助增强腹直肌、腹内外斜肌、髂腰肌、股直肌等肌肉力量，能发展脊柱屈肌、髋关节屈肌两肌群力量。

（13）俯卧两头起。有助增强竖脊肌、臀大肌等肌肉力量，能发展脊柱伸肌、髋关节伸肌两肌群力量。

（14）体前俯屈伸。有助增强竖脊肌等肌群力量，能发展脊柱伸肌群力量。

（15）俯卧背腿。有助增强竖脊肌、臀大肌等肌肉力量，能发展脊柱伸肌、髋关节伸肌两肌群力量。

（16）甩背转体。有助增强同侧腹内斜肌、对侧腹外斜肌等肌肉力量，能发展脊柱回旋肌肉群力量。

2.增强肌肉伸展性动作介绍

下述徒手动作对增强肌肉的伸展性和弹性能起到重要作用。

（1）扶墙压肩。双腿并拢伸直，两臂伸直弯腰扶墙做压肩动作，能增强肩关节肌群伸展性。

（2）双人压肩。一人弯腰双手扶对方腰部，另一人站立双手按压对方腰部，此动作能增强背阔肌群的伸展性。

（3）左右弓腿。左右弓腿双手扶膝做压腿动作，能增强股后肌群、股二头肌、半腱肌、半膜肌群伸展性。

（4）跪地后仰。双腿跪地，双手握脚腕后仰，能增强膝关节肌群、髋关节肌群、腹部肌群、股四头肌、髂腰肌、腹直肌的伸展性。

（5）弯腰伸臂。双腿伸直，弯腰两手摸地，能增强脊柱伸肌的伸展性。

（6）仰卧两头起。能增强脊柱伸肌、竖脊肌群伸展性。

（7）俯卧两头起。能增强脊柱屈肌、腹直肌群伸展性。

（8）后仰下腰。能增强脊柱屈肌、腹直肌群伸展性。

第二章　腿部关节操

　　人体是由 36 个部位和下颌、肩、肘、腕、髋、膝、踝七对大关节组成的有机整体，其中髋、膝、踝是腿部的三个大关节。人体的灵活性是由关节决定的，关节运动才能实现人体的灵活性。关节运动幅度同关节的灵活性和稳定性息息相关，体育运动能提高关节的灵活性和关节的坚固性。关节操能增强全身部位的柔韧性和协调性，长期习练关节操能有效预防关节部位疾病的发生，能缓解患有关节疾病人员的痛苦，能保持人体生理部位的柔韧性和协调性，对全身健康起到重要作用。

第一套 膝关节防护操

☞第一节 坐姿

预备姿势：坐姿，上体挺直，两臂自然下垂，两眼自然平视。

动作：本节四个动作，连续运动4×8拍。

1.起立坐下。①两手叉腰，两脚分开与肩同宽，做起立坐下运动；②两手叉腰，两脚并拢，做起立坐下运动。如图2-1所示。

 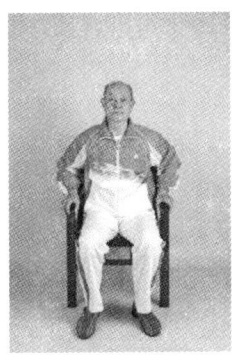  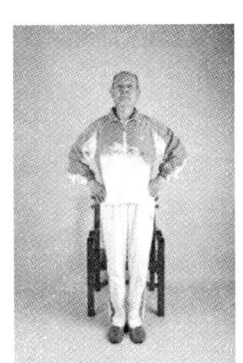

图2-1 起立坐下

2.屈膝伸展。两手扶椅，左腿抬起作屈膝运动。右腿抬起作屈膝运动。如图2-2、图2-3所示。

 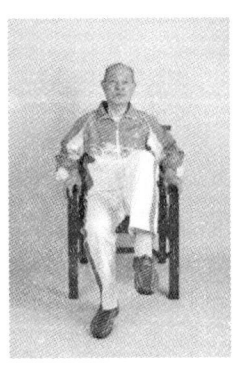 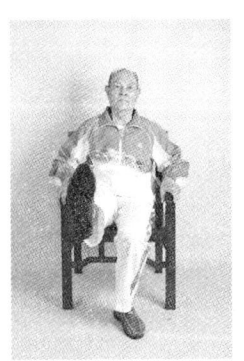 

图2-2 屈膝伸展（正面观）

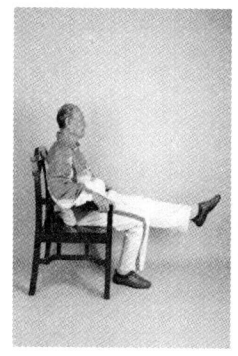  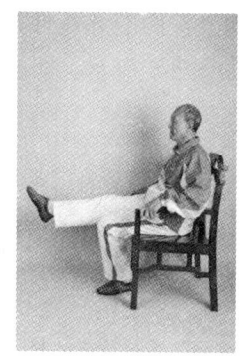 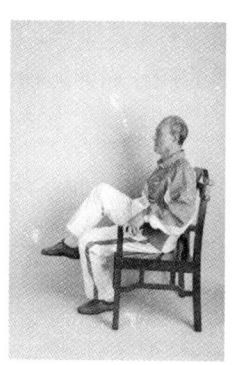

图 2-3 屈膝伸展（侧面观）

3.搓揉膝盖。双手手心捂膝盖，做向内、向外搓揉运动。如图 2-4 所示。

 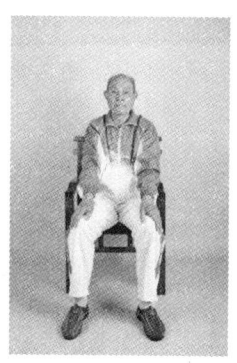

图 2-4 搓揉膝盖

4.支撑屈膝。席地坐,两腿并拢伸直,两手撑于身后,先左膝作屈伸运动,再右膝作屈伸运动。如图 2-5 所示。

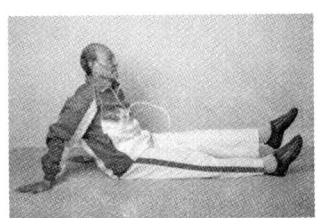
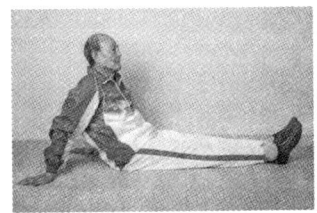

图 2-5　支撑屈膝

第二节　卧姿

预备姿势:仰卧,两腿并拢伸直,两臂体侧伸直,两眼上看。

动作:本节四个动作,连续运动 4×8 拍。

1.仰卧抬腿。左腿抬起与地面呈 45°放下。右腿抬起与地面呈 45°放下。如图 2-6 所示。

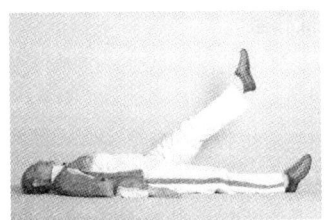
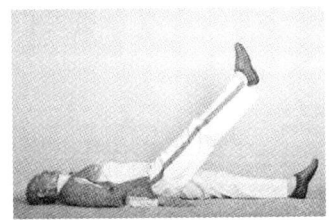

图 2-6　仰卧抬腿

2.仰卧摆膝。两膝弯曲，两脚着地，两手置身体两侧，两膝抬起向左摆动再放下，两膝抬起向右摆动再放下。如图2-7所示。

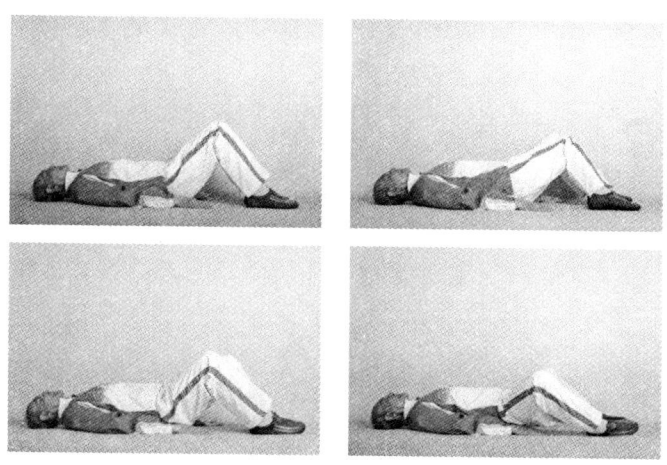

图2-7 仰卧摆膝

3.侧卧抬腿。左侧卧，左手撑头，右手撑地，右腿抬起与地面呈45°方向；右侧卧，右手撑头，左手撑地，左腿抬起与地面呈45°再放下。如图2-8所示。

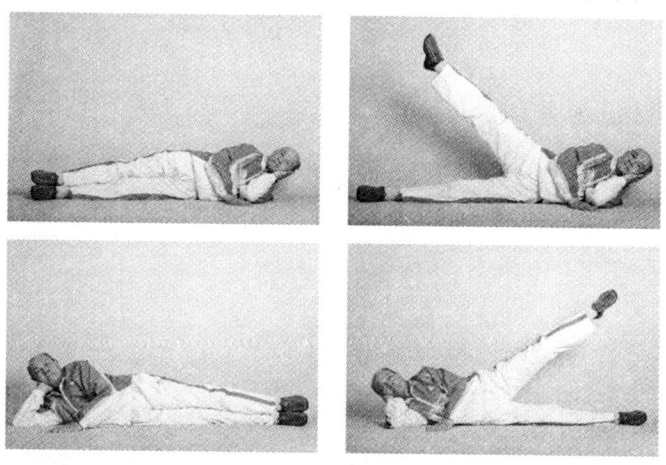

图2-8 侧卧抬腿

4.俯卧抬腿。身体俯卧,两手托下巴,两眼看地面,两腿伸直。左腿抬起与地面呈30°再放下;右腿抬起与地面呈30°再放下。如图2-9所示。

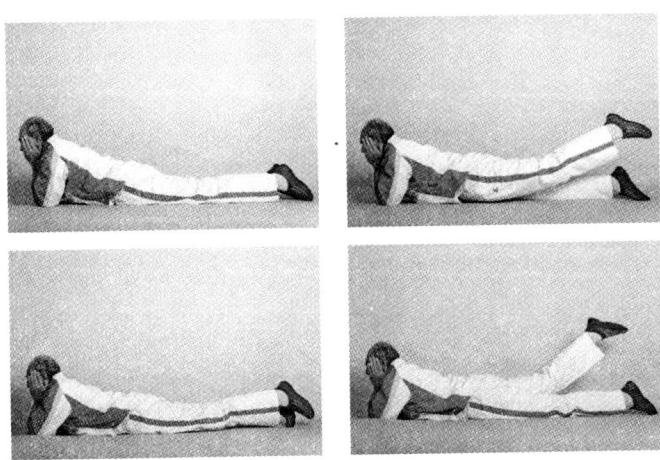

图2-9 俯卧抬腿

第二套　膝关节锻炼操

☞ 第一节　站姿

预备姿势：两腿分开同肩宽，两臂自然下垂，两眼平视。
动作：本节六个动作，连续运动 4×8 拍。

1. 脚尖蹲起。两腿并拢，脚尖着地，两手叉腰作蹲起运动。如图 2-10 所示。两腿分开同肩宽，脚尖着地作蹲起运动。如图 2-11 所示。

图 2-10　脚尖蹲起（并腿）　　　　　图 2-11　脚尖蹲起（分腿）

2. 抬腿屈膝。两手叉腰，右腿站立，左腿前伸作屈膝运动。左腿站立，右腿前伸作屈膝运动。如图 2-12 所示。

图 2-12　抬腿屈膝

3.下蹲伸腿。两手叉腰,两腿下蹲,左腿左跨一步再回原位,右腿右跨一步再回原位。如图2-13所示。

图2-13 下蹲伸腿

4.叉腰转膝。两腿下蹲,向左转膝,再向右转膝。两腿下蹲,向右转膝,再向左转膝。如图2-14所示。

图2-14 叉腰转膝

5.站立拉脚。左手叉腰,左腿屈膝,右手作拉左脚运动。右手叉腰,右腿屈膝,左手作拉右脚运动。如图 2-15 所示。

图 2-15　站立拉脚

6.屈膝走步。两腿下蹲作屈膝走步运动。如图 2-16 所示。

图 2-16　屈膝走步

第二节　坐姿

预备姿势:端坐,上身挺直,两臂下垂,两眼平视。

动作:本节两个动作,连续运动 4×8 拍。

1.抬腿运动。左腿伸直,作左腿抬起放下运动;右腿伸直,作右腿抬起放下运动。如图 2-17 所示。

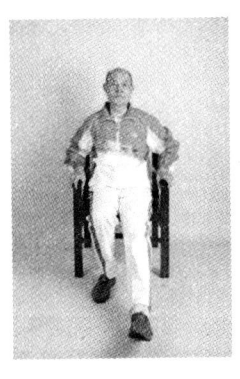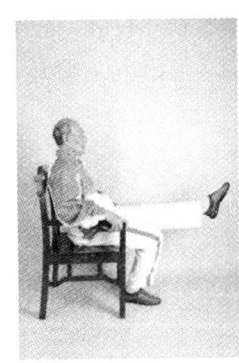
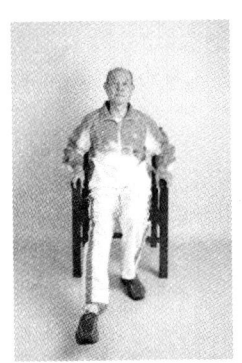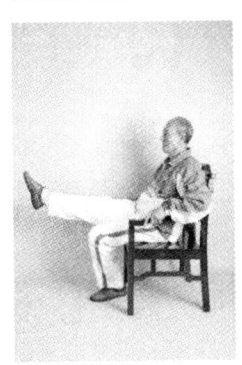

图 2-17 抬腿运动

2.绷脚旋转。左腿前伸，脚面绷直，左腿抬起与地面平行，做向左向右旋转运动。右腿前伸，脚面绷直，右腿抬起与地面平行，做向右向左旋转运动。如图 2-18 所示。

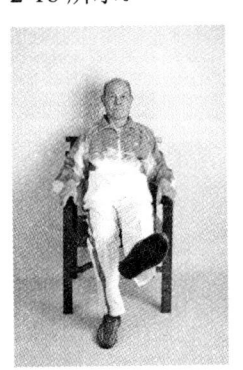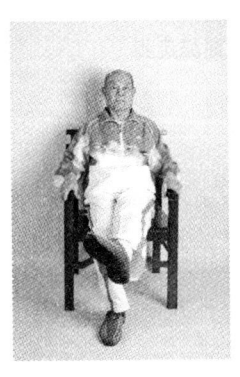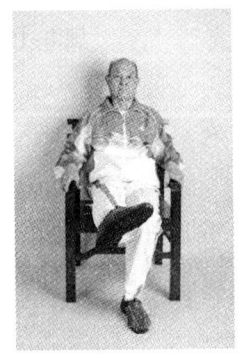

图 2-18 绷脚旋转

第三套　膝关节健骨养筋操

☞ 第一节　卧姿

预备姿势：身体仰卧与俯卧，两腿并拢伸直，两臂体侧伸直。

动作：本节四个动作，连续运动 4×8 拍。

1. 勾脚抬腿。仰卧，两腿伸直，脚尖用力勾起，膝关节伸直。左腿作上抬下落运动，右腿作上抬下落运动。如图 2-19 所示。

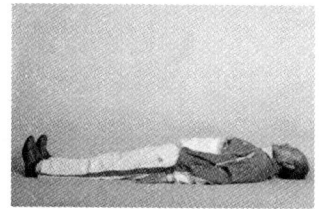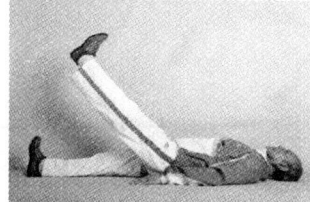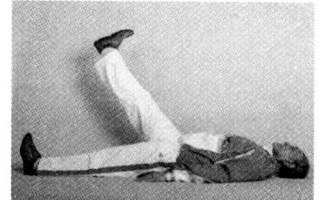

图 2-19　勾脚抬腿

2. 绷脚伸腿。仰卧，两腿伸直，膝关节伸直，脚尖绷直。左腿作上抬下落，右腿作上抬下落运动。如图 2-20 所示。

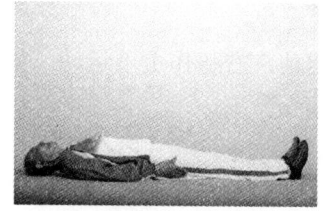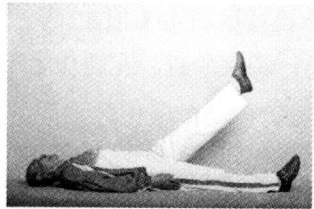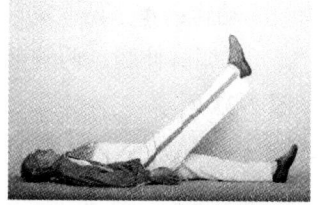

图 2-20　绷脚伸腿

3. "燕飞"运动。俯卧，两臂体侧伸直，两腿并拢，作抬头抬腿运动，形似燕飞。作抬左腿运动，作抬右腿运动。如图 2-21 所示。

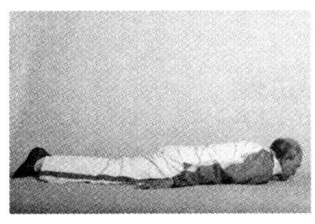 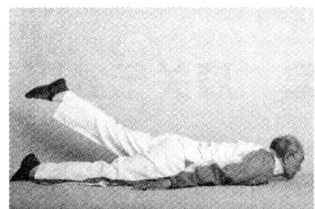 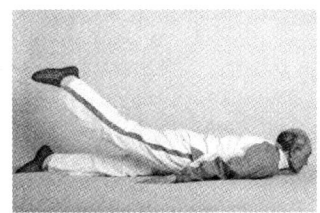

图 2-21 "燕飞"运动

4.俯卧屈膝。俯卧，两手前伸交叉，头部放手臂上，两腿并拢伸直。左膝关节作屈伸运动，右膝关节作屈伸运动。如图 2-22 所示。

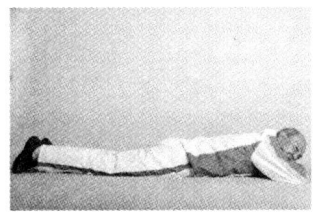 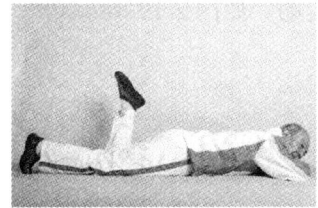 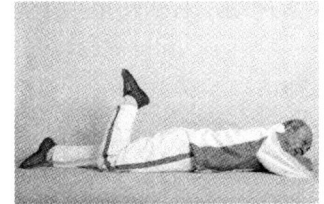

图 2-22 俯卧屈膝

☞第二节　坐姿

预备姿势：端坐，上身挺直，双手扶椅子，两眼平视。

动作：本节两个动作，连续运动 4×8 拍。

1.绷脚伸腿。两腿前伸，脚尖绷直。左腿作上下运动，右腿作上下运动。如图 2-23 所示。

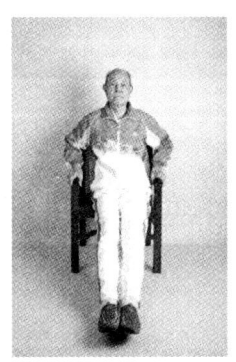 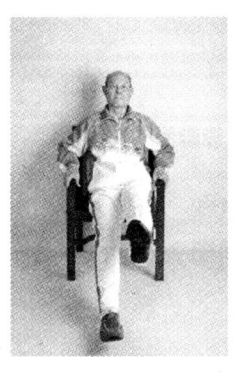 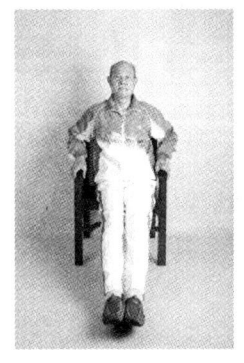 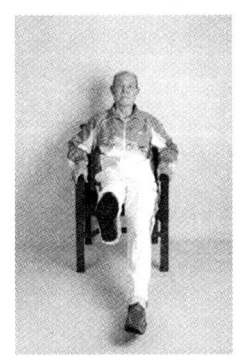

图 2-23 绷脚伸腿

2.按压转膝。两腿屈膝,两脚平放地上,大腿、小腿成直角,两手按压左膝关节,作左右转膝运动,两手按压右膝关节,做左右转膝运动。如图 2-24 所示。

图 2-24 按压转膝

第四套　膝关节综合操

预备姿势：自然站立，上身挺直，两臂下垂，两眼平视。

动作：本节八个动作，连续运动4×8拍。

1.屈腿转膝。两腿并拢下蹲屈膝，两手扶膝作顺时针方向转膝运动，作逆时针方向转膝运动。如图2-25所示。

图2-25　屈腿转膝

2.扶膝弓步。左腿前迈一步呈弓腿，右腿伸直，两手扶膝作弓腿运动。右腿前迈一步呈弓腿，左腿伸直，两手扶膝作弓腿运动。如图2-26所示。

图2-26　扶膝弓步

3.弓步转体。分腿一大步站立,两手叉腰,左腿呈马步,作上体左转90°运动。右腿呈马步,作上体右转90°运动。如图2-27所示。

4.扶膝托掌。上体前屈正直,左手扶右膝,右手经体侧上举作托掌运动。右手扶左膝,左手经体侧上举作托掌运动。如图2-28所示。

图2-27 弓步转体　　　　　　　　　图2-28 扶膝托掌

5.俯蹲伸腿。两腿并拢伸直,上体前俯,两手扶膝作全蹲运动。两腿分开伸直,上体前俯,两手扶膝作全蹲运动。如图2-29所示。

图2-29 俯蹲伸腿

6.抱膝伸腿。左脚前迈一步,右膝抬起作两手抱右膝运动。右脚前迈一步,左膝抬起作两手抱左膝运动。如图 2-30 所示。

7.甩臂抬腿。两臂前后自然摆动,两腿作高抬腿运动,大腿与地面平行。如图 2-31 所示。

图 2-30　抱膝伸腿　　　　　　　图 2-31　甩臂抬腿

8.雄关漫步。两手叉腰,两脚做原地漫步运动。如图 2-32 所示。

图 2-32　雄关漫步

第五套　髋关节操

预备姿势：自然站立，挺胸收腹，两臂下垂，两眼平视。
动作：本节六个动作，连续运动 4×8 拍。

1.下蹲展臂。两手握拳，两臂交叉于腹前，松拳两臂作外展伸直运动，起立时吸气。再作屈膝屈髋下蹲运动，下蹲时呼气。反复做上下屈伸运动。如图 2-33 所示。

图 2-33　下蹲展臂

2.弓步压膝。左腿前迈一步成弓步，右腿伸直，左手掌按左膝，右手掌按左手背作弓步运动。右腿前迈一步成弓步，左腿伸直，右手掌按右膝，左手掌按右手背作弓步运动。如图 2-34 所示。

图 2-34　弓步压膝

3.弹膝反掌。两臂前伸,手掌向下,做屈膝屈髋起立下蹲马步运动;两臂前伸,手掌向上,作起立下蹲运动。手掌做上下翻转运动。如图2-35所示。

图2-35 弹膝反掌

4.弓膝冲拳。左腿前迈一步呈弓步,右腿伸直,右手握拳至腰部,左臂作伸展冲拳运动。右腿前迈一步呈弓步,左腿伸直,左手握拳至腰部,右臂作前伸冲拳运动。作左右弓膝冲拳运动。如图2-36所示。

图2-36 弓膝冲拳

5.马步伸展。双腿屈膝呈马步,两手握拳,松拳两臂上举过头,脚跟着地作马步伸展运动。两脚尖着地,作马步伸展运动。如图2-37所示。

图 2-37 马步伸展

6.抬腿摆臂。两臂自然摆动，两腿作高抬腿运动。脚尖着地做高抬腿运动。如图 2-38 所示。

图 2-38 抬腿摆臂

第六套　踝关节操

第一节　站姿

预备姿势：自然站立，挺胸收腹，两臂下垂，两眼平视。

动作：本节三个动作，连续运动 4×8 拍。

1.叉腰提踵。两手叉腰，并腿，脚尖着地，作起落运动。分腿脚尖着地，作起落运动。如图 2-39 所示。

图 2-39　叉腰提踵

2.伸臂提踵。两臂前伸并腿，脚尖着地，作起落运动；分腿脚尖着地，作起落运动。如图 2-40 所示。两臂侧伸并腿，脚尖着地作起落运动；两臂侧伸分腿，脚尖着地作起落运动。如图 2-41 所示。

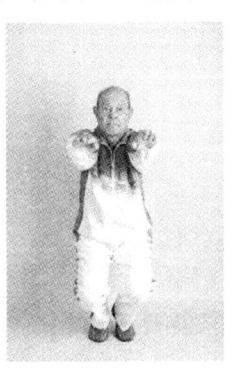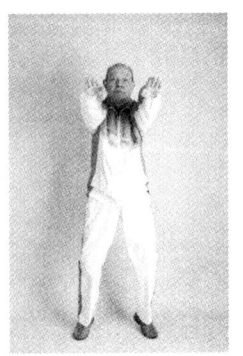

图 2-40　伸臂提踵（前伸）

图 2-41　伸臂提踵（侧伸）

3.弓步屈膝。两臂前伸，左腿弓步，右腿后伸，脚尖着地，作弓步屈膝运动；右腿弓步，左腿后伸脚尖着地，做弓步屈膝运动。如图 2-42 所示。两臂侧伸，左腿弓步，右腿后伸，脚尖着地，作弓步运动；右腿弓步，左腿后伸，脚尖着地，做弓步运动。如图 2-43 所示。

图 2-42　弓步屈膝（前伸）　　　　图 2-43　弓步屈膝（侧伸）

第二节　坐姿

预备姿势：端坐，上身挺直，两臂下垂，两眼平视。

动作：本节三个动作，连续运动 4×8 拍。

1.脚背屈伸。坐地，两腿并拢伸直，两臂背后支撑。作左右脚背屈伸运动。如图 2-44 所示。

2.脚踝转动。坐地，两腿并拢伸直，两臂背后支撑。抬左腿以足跟为轴作左右转动。抬右腿以足跟为轴作左右转动。如图 2-45 所示。

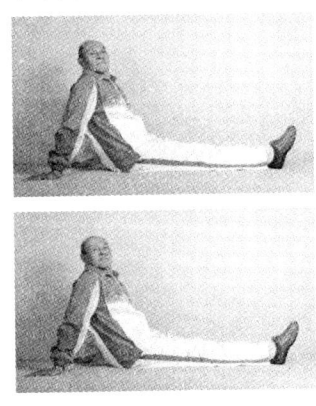

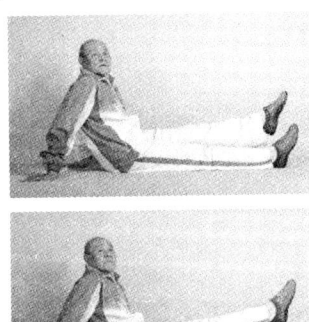
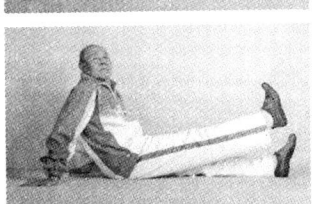

图 2-44　脚背屈伸

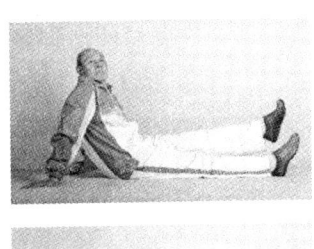

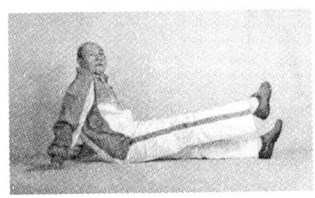

图 2-45　脚踝转动

3.撑地抬膝。跪坐，臀部坐在足跟上，足尖伸直，左手撑地，作右手抬左膝运动。右手撑地，作左手抬右膝运动。如图 2-46 所示。

图 2-46　撑地抬膝

第三章　腿部肌肉操

人体肌肉分为骨骼肌、心肌和平滑肌三类，其中骨骼肌占人体总重量的40%~45%，成年人骨骼肌约650块。肌肉的基本功能是收缩，躯体运动是由骨骼肌收缩活动实现的，心脏器官活动是由心肌和平滑肌收缩完成的。

肌肉力量是机体依靠肌肉收缩和对抗阻力完成运动的能力，按表现形式和构成特点分为最大肌肉力量、快速肌肉力量和力量耐力三种形式。肌肉力量是人体运动能力的最重要组成部分，其大小和变化对增强人体健康和运动员创造成绩起着重要作用。

丰富的肌肉群不仅起到保护骨骼作用，还能降低早亡风险。肌肉是力量的源泉，肌肉对身体代谢、骨骼保护具有重要作用。人到老年容易跌倒骨折，是因为肌肉体积变小、肌肉力量下降、肌肉耐力与代谢能力降低、身体协调性变差、腿脚不灵活所致。

人老腿先衰。随着年龄增大，人体会逐渐出现骨骼肌肌纤维质量下降，肌肉力量减小，结缔组织和脂肪增多等体征，这种增龄性退行性病症被称为"肌肉衰减综合征"，俗称"少肌症"。实践证明，女性肌肉减少比男性严重，40~49岁年龄段，男性肌肉减少比例为24%、女性为34%；50~59岁年龄段，男女肌肉减少的比例分别为37%和50%。科学运动与合理膳食能减少肌肉流失，抗阻运动能给予肌肉最大刺激，运动能通过增加肌肉代谢率，促使燃烧消耗脂肪实现减肥。肌肉运动操能增强人体肌肉力量和人体灵活性与协调性。

第一套　妇女增肌操

第一节　站姿

预备姿势：两脚分开站立同肩宽，挺胸收腹，两臂下垂，两眼平视。

动作：本节四个动作，连续运动4×8拍。

1.站立伸展。脚尖外展，挺胸收臀（肩、髋、脚跟在一条垂线上），两手食指交叉向头顶伸展，作上下伸展运动。如图3-1所示。

图3-1　站立伸展

2.屈肘伸臂。肩膀放松，两臂前伸，作屈肘运动；两臂侧伸，作屈肘运动。并脚，两臂前伸，作屈肘运动；两臂侧伸，作屈肘运动。如图3-2所示。

图3-2　屈肘伸臂

3.体侧伸臂。左手放头后，右臂侧伸作体侧运动。右手放头后，左臂侧伸作体侧运动。如图3-3所示。

图3-3　体侧伸臂

4.单腿抱膝。左腿站立，两臂侧伸，右膝抬起，作两手抱膝关节于胸前运动。右腿站立，两臂侧伸，左膝抬起，作两手抱膝关节于胸前运动。如图3-4所示。

图3-4　单腿抱膝

第二节 卧姿

预备姿势：俯卧，两腿并拢，两臂向上伸直。

动作：本节两个动作，连续运动 4×8 拍。

1. 俯卧抬臂。下巴着地，掌心向上，两臂同时作抬起运动，两臂分别作抬起运动。如图 3-5 所示。

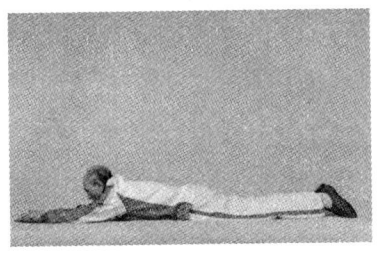 

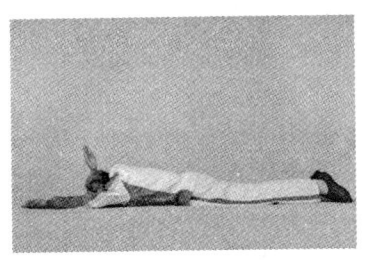 

图 3-5　俯卧抬臂

2. 俯卧抬腿。两臂前伸手掌着地，脚尖着地，作俯卧撑运动。作左右抬腿运动。如图 3-6 所示。

  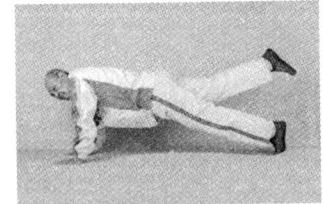

图 3-6　俯卧抬腿

第二套　日常肌肉锻炼操

预备姿势：分脚站立同肩宽，两臂下垂，挺胸收腹，两眼平视。
动作：本节六个动作，连续运动 4×8 拍。

1. 脚尖蹲起。分腿脚尖站立，足后跟抬起，双手叉腰作蹲起运动。并脚，脚尖站立。作蹲起运动。如图 3-7 所示。

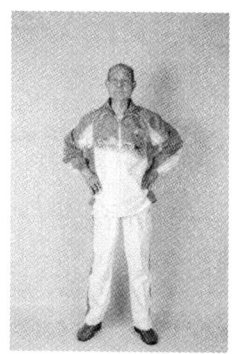

图 3-7　脚尖蹲起

2. 扶墙弓步。两手前伸扶墙状，左脚尖顶墙状，右腿后伸，作左膝弓步运动。右脚尖顶墙状，左腿后伸，作右膝弓步运动。如图 3-8 所示。

图 3-8　扶墙弓步

3.扶墙弓腿。左手扶墙状，右手叉腰，右脚前迈一步作弓腿运动。右手扶墙状，左手叉腰，左脚前迈一步作弓腿运动。如图3-9所示。

图3-9　扶墙弓腿

4.单腿蹲起。左腿站立，两手叉腰，右腿前伸脚跟着地，左腿作蹲起运动。右腿站立，左腿前伸脚跟着地，右腿作蹲起运动。如图3-10所示。

图3-10　单腿蹲起

5.侧伸蹲起。两手叉腰，左脚侧伸，右腿屈膝作蹲起运动。右脚侧伸，左腿屈膝作蹲起运动。如图3-11所示。两臂侧伸，左腿侧伸，右腿作蹲起运动；右腿侧伸，左腿作蹲起运动。如图3-12所示。

图 3-11 侧伸蹲起（两手叉腰）

图 3-12 侧伸蹲起（两臂侧伸）

6.屈膝后仰。两手叉腰，左腿向前迈一步，右腿膝盖弯曲，上身作后仰运动。右腿向前迈一步，左腿膝盖弯曲，上身作后仰运动。如图 3-13 所示。

图 3-13 屈膝后仰

第三套 腿部肌肉锻炼操

预备姿势：分腿站立同肩宽，挺胸收腹，两臂下垂，两眼平视。

动作：本节六个动作，连续运动 4×8 拍。

1.抬腿前伸。两手叉腰，左腿站立，右腿抬起前伸与地面平行作前伸还原运动。右腿站立，左腿抬起前伸与地面平行作前伸还原运动。如图 3-14 所示。

图 3-14　抬腿前伸

2.左右摆腿。两手叉腰，左腿站立，右腿前伸作摆动还原运动；右腿站立，左腿前伸作摆动还原运动。如图 3-15 所示。左腿站立，右腿前伸作左右点地运动；右腿站立，左腿前伸作左右点地运动。如图 3-16 所示。

图 3-15　左右摆腿

第三章　腿部肌肉操

图 3-16　左右摆腿（点地）

3.握臂深蹲。两手背后握臂，脚尖着地作深蹲运动。并腿脚尖着地作深蹲运动。如图 3-17 所示。

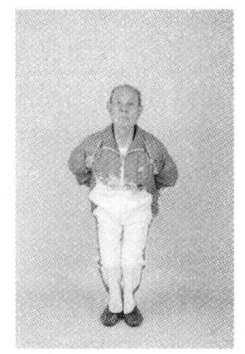

图 3-17　握臂深蹲

4.弓步压膝。左腿左侧伸，呈左弓步，右腿伸直，两手扶左膝作弓步运动。右腿右侧伸，呈右弓步，左腿伸直，两手扶右膝作弓步运动。如图 3-18 所示。

图 3-18　弓步压膝

5.叉腰伸腿。左腿站立,左手叉腰,右手前伸,右腿作前伸运动。右腿站立,右手叉腰,左手前伸,左腿作前伸运动。如图3-19所示。

图3-19 叉腰伸腿

6.伸臂弓步。两臂侧伸,左腿前迈呈左弓步,右腿伸直,作左弓步运动。右腿前迈呈右弓步,左腿伸直,作右弓步运动。如图3-20所示。

图3-20 伸臂弓步

第四套　骨骼肌肉锻炼操

☞第一节　躯干肌肉锻炼

动作：本节三个动作，连续运动 4×8 拍。

1.卧姿。仰卧：两臂体侧伸直，做仰卧起坐运动。两臂头前伸直，做仰卧起坐运动。如图 3-21 所示。

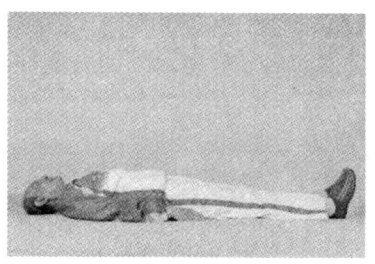
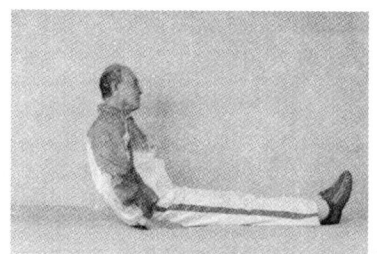

图 3-21　卧姿起坐

2.坐姿。端坐，两腿伸直，两脚跟着地，两臂前伸，作摸脚运动。上体前俯，作两手摸左脚，摸右脚运动。如图 3-22 所示。

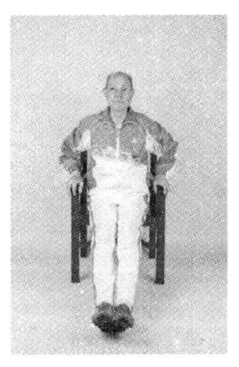 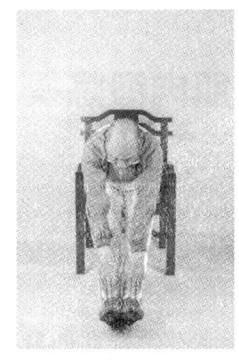 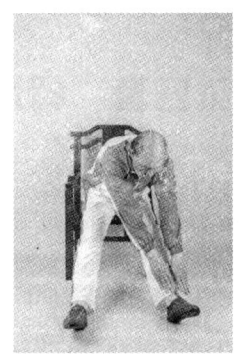 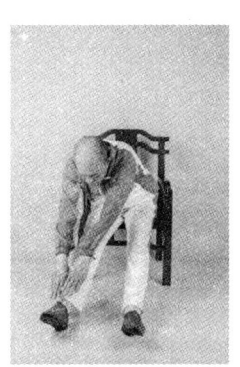

图 3-22 坐姿

3.站姿。两脚分立同肩宽，两手叉腰，作腰部前后屈伸运动。两臂侧伸，作腰部侧向屈伸运动。如图 3-23 所示。

图 3-23 站姿

第二节 四肢肌肉锻炼

动作：本节两个动作，连续运动 4×8 拍。

1.上肢肌肉。两脚分立同肩宽，两手握拳作上举运动，作下伸运动，两手握拳作前伸运动，两手握拳作侧伸运动。如图 3-24 所示。

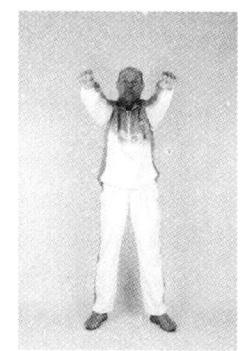

图 3-24　上肢肌肉锻炼

2.下肢肌肉。自然站立，两手叉腰，作蹲起运动，两手前伸，作蹲起运动。如图 3-25 所示。两手叉腰，两腿分别作前踢、内踢、侧踢、后踢运动。如图 3-26 所示。

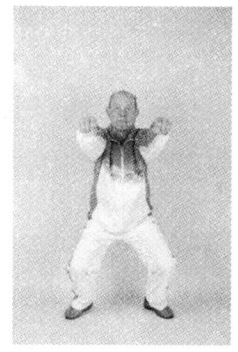

图 3-25　蹲起运动

图 3-26 下肢肌肉锻炼

第三节 肌肉收缩、放松锻炼

动作：本节四个动作，连续运动 4×8 拍。

1.斜方肌、三角肌。自然站立，两臂作上下伸展运动，两臂上举作前后摆动运动。如图 3-27 所示。

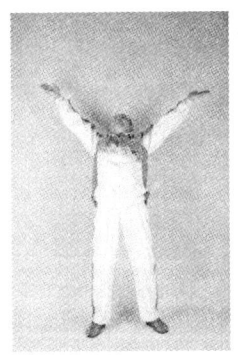

图 3-27 斜方肌、三角肌

2.肱二头肌、肱三头肌。自然站立，两臂前伸作屈肘运动，两臂侧伸作屈肘运动。如图 3-28 所示。

图 3-28　肱二头肌、肱三头肌

3.胸大肌、背阔肌。自然站立，左腿向前迈一步，两臂前伸作扩胸运动；右腿向前迈一步，两臂前伸作扩胸运动。如图 3-29 所示。左腿向前迈一步，两臂上举作展胸运动；右腿向前迈一步，两臂上举作展胸运动。如图 3-30 所示。

图 3-29　胸大肌

图 3-30　背阔肌

4.股外肌、股直肌、股二头肌、小腿腓肠肌、胫骨前肌。

①左腿抬起作伸展运动,右腿抬起作伸展运动。如图 3-31 所示。

图 3-31　股外肌、股直肌、股二头肌

②左腿伸直,脚跟着地,两手作大腿与小腿搓揉运动;右腿伸直,脚跟着地,两手作大腿与小腿搓揉运动。如图 3-32 所示。

图 3-32　小腿腓肠肌、胫骨前肌

第四章　腿部穴位按摩操

穴位又称穴道，是人体脏腑经络中的气血输注于人体表面的重点部位，对经络气血起调节作用。穴位通过经络与脏腑联系，脏腑的病变反映到其所属经络的穴位上，根据穴位与所属经络联系作用，可从穴位上进行疾病的诊断和治疗。穴位有治病的作用，某些穴位还有保健与防病的作用。穴位分经穴、经外穴和阿是穴三类。经穴为十四经穴，有穴位361个。经外穴又称经外奇穴，为十四经穴以外的经验效穴。阿是穴又称不定穴，是没有固定位置、随病痛处和压痛点而取的穴位。

按摩又称推拿，是中医独特的治疗与保健方法。按摩是在人体一定部位上，运用按摩疗法和进行特定的肢体活动，以达到防治疾病与保健目的。按摩分被动按摩和主动按摩。主动按摩及自我按摩，是用双手在自己身体上进行按摩的一种运动。按摩对医疗与保健的作用：一是平衡营养，调节功能；二是扶正祛邪，增强体质；三是舒经活血，滑利关节；四是疏通经络，镇痛止痛；五是整复脱位，强壮筋骨。通过按摩身体穴位，能够达到防病治病、保健康复、强身健体与延年益寿作用。

第一套　膝关节损伤穴位按摩操

膝关节是人体最重要的大关节，也是最容易受到损伤的关节。当膝关节运动不规范，突然受到强大内翻或外部撞击，活动量超过最大极限时，容易使膝盖内外侧副韧带受到损伤。损伤表现为韧带扭伤或韧带撕裂。膝盖内侧副韧带损伤，轻者造成局部疼痛，重者造成局部肿胀、触痛、青紫和皮下瘀血。膝盖外侧副韧带损伤，会造成外侧韧带肿胀，疼痛和皮下瘀血症状。膝盖内外侧副韧带受到损伤，会导致人体膝关节活动功能受限，影响正常生活和工作。

穴位按摩是诊疗康复膝关节内外副韧带损伤的有效方法。按摩搓揉腿部梁丘穴（屈膝，在髂前上棘与髌骨外上缘连线上，髌骨外上缘3寸处）和膝眼穴（在髌韧带两侧凹陷处，内侧的称内膝眼穴，外侧的称外膝眼穴）。按摩方法：两手四指并拢，分别纵向、横向搓揉两腿梁丘穴和膝眼穴3~5分钟。

第二套 膝关节穴位按摩操

膝关节是人体最重要的关节，承受着全身的重量，人体的活动几乎都同膝关节有关。膝关节周围分布众多穴位，按摩这些穴位能缓解膝关节疼痛。

膝关节周围三个重要穴位分别是鹤顶穴、内膝眼和外膝眼穴，是膝关节疼痛的特效按摩穴位。鹤顶穴位于膝盖上部髌骨上缘正中凹陷处。内膝眼和外膝眼穴分别位于髌骨下方、髌韧带内外侧凹陷处。膝眼穴可治疗膝关节疼痛，鹤顶穴对膝关节炎、类风湿性膝关节炎有治疗作用。三个穴位可同时按摩，方法为：端坐，两腿下垂，自然屈膝，一只手食指点压鹤顶穴，另一只手拇指和食指分别点压内、外膝眼穴，三手指同时用力点压三个穴位3~5分钟。然后改为搓揉，用掌心纵向、横向搓揉膝盖3~5分钟，按摩和搓揉穴位能起到舒筋通络、解痉止痛作用。

膝关节周围还有其他穴位。从上向下搓揉梁丘穴、足三里穴，从上向下搓揉膝阳关穴、阳陵泉穴，再从上向下搓揉血海穴、阴陵泉穴，每穴位搓揉3~5分钟。搓揉这些穴位能起到祛风散寒、活血通络作用，具有健骨强筋、祛风除湿功效。

第三套 踝关节扭伤穴位按摩操

踝关节是人体腿部的重要关节，也是极易受到扭伤的关节。当行走、跑步、下楼时步伐不稳，路面不平、被地面障碍物绊倒或跌倒，活动过量超过踝关节生理极限，导致踝关节突然向内或向外翻转，使外侧或内侧韧带受到强力牵拉等，都会造成踝关节扭伤。踝关节扭伤可导致踝关节疼痛、肿胀、青紫、皮下瘀血等症状，轻者行走困难，重者造成骨折。

穴位按摩是治疗康复踝关节扭伤的有效方法。可按摩搓揉脚部丘墟穴（在足背外踝前下方，在趾长伸肌腱的外侧，距跟关节间凹陷处）和介溪穴（足背与小腿交界处横纹中央凹陷处，在拇长伸肌腱与趾长伸肌建之间）。如左脚踝关节受伤，按摩方法：如左脚抬起搭在右腿上，右手握住左脚五趾，左手四指并拢，纵向、横向搓揉丘墟穴和介溪穴3～5分钟。

第四套　腿部抽筋穴位按摩操

天气寒冷，人体小腿部会发生抽筋现象，小腿抽筋即小腿腓肠肌痉挛，造成腿部疼痛难忍。

穴位按摩是缓解小腿抽筋的有效方法。按摩揉搓小腿部昆仑穴（足部外踝后方，在外踝尖与跟腱之间的凹陷处）和承山穴（小腿后正中，委中穴与昆仑穴之间，当伸直小腿和足跟时腓肠肌肌腹下出现的凹陷处）。按摩方法：如果右小腿抽筋，可以躺在床上，用手同时搓揉对侧（左边）小腿昆仑穴和承山穴3～5分钟。然后再活动抽筋脚的脚踝，做上下与左右移动运动，直到痉挛状态缓解。

第五套 腿部静脉曲张穴位按摩操

人体下肢穴位很多,搓揉,按摩下肢委中、阳陵泉、阴陵泉、三阴交、悬钟、血海等穴位,使穴位处出现酸胀,能有效治疗、缓解下肢静脉曲张。

☞ 第一节 坐姿

动作:本节两个动作,连续运动 4×8 拍。

1. 搓揉小腿。屈膝,两手分别从脚背的两侧,自下而上以横纵方向搓揉小腿各 3~5 分钟。
2. 按摩穴位。用拇指和食指指腹对下肢的穴位逐一进行按摩,每个穴位按摩 3~5 分钟。

☞ 第二节 卧姿

动作:本节两个动作,连续运动 4×8 拍。

1. 抬腿运动。仰卧,两腿抬起,作两腿同时抬起落下运动 60 次,作两腿分别抬起落下运动 60 次。
2. 仰卧蹬车。仰卧,两腿上举,作空蹬自行车动作 60 次。

☞ 第三节 站姿

动作:本节四个动作,连续运动 4×8 拍。

1. 提踵下蹲。两脚并拢,两腿作提踵下蹲运动 60 次。
2. 胸前抱膝。左腿站立,右腿抬起,作胸前抱膝运动。右腿站立,左腿抬起,作胸前抱膝运动。
3. 交叉跳动。作两腿分开并拢跳跃运动,作两腿前后跳跃运动。
4. 步行运动。作高抬腿运动,作快步走运动,作慢步走运动。

第六套　腿部疼痛穴位按摩操

腿部常见的穴位。臀部环跳穴、承扶穴等；大腿部伏兔、大腿、阴包、委中、血海穴等；膝关节鹤顶、膝眼、足三里、梁丘、委阳、曲泉穴等；小腿部三阴交、安信、地机、承山、上巨虚、下巨虚穴等；腓肠肌部委阴、承山、丰隆穴等；踝关节丘墟、解溪穴等；足跟部昆仑、丘墟穴等。

☞第一节　腿部保健穴位按摩

1.干洗腿。双手从大腿根部逐渐向下纵横搓揉至足踝部，再反向搓揉，每次揉搓60次。通过揉搓能预防下肢静脉曲张、水肿、肌肉萎缩。

2.揉腿肚。两手掌横向，纵向搓揉两腿肚两侧各60次。通过搓揉能起到促进下肢肌肉血液循环，增强腿部肌肉力量。

3.转膝部。两腿并拢屈膝，两手心扶膝部，作顺时针和逆时针转膝各60次。通过转膝能疏通血脉，对下肢无力和膝关节病痛起保健作用。

☞第二节　膝关节损伤穴位按摩

当运动过量或外伤超过膝关节韧带承受能力时会造成损伤。按摩方法：坐姿，搓揉膝关节穴位，膝两侧副韧带松弛。两手手掌作上下、左右按摩梁丘穴（梁丘穴位于髂前上棘与髂骨外上缘连线上约三寸处）和膝眼穴（膝眼穴位于髌韧带两侧凹陷处，内侧为内膝眼穴，外侧为外膝眼穴）各60次。通过按摩梁丘穴和膝眼穴，能起到保护膝关节作用。

☞第三节　腓肠肌疼痛穴位按摩

腓肠肌俗称"小腿肚子"。老年人容易发生小腿疼痛、抽筋等病变现象。委阳穴在腿窝纹侧端，股二头肌腱的内侧。承山穴在小腿后正中，当伸直小腿和足跟上提时，腓肠肌肌腹下出现凹陷处。按摩方法：坐姿，两手掌上下、左右搓揉委阳穴和承山穴各60次。通过搓揉穴位能缓解腓肠肌疼痛。

第四节 足踝关节损伤穴位按摩

足踝关节长期支撑身体重量,不小心容易造成足踝受伤,不注意保护也会出现静脉曲张。昆仑穴在外踝后方,外踝尖与跟腱之间的凹陷处。太溪穴在足内侧,内踝后方与脚跟骨筋腱之间的凹陷处。按摩方法:坐姿,两手掌上下、左右搓揉昆仑穴、太溪穴各60次。通过穴位按摩能起到保护足踝关节作用。

第七套　腿部穴位搓揉操

预备姿势：自由站立，挺胸收腹，两臂下垂，两眼平视。

☞ **第一节　大腿部搓揉运动**

动作：

1.搓揉股部。将下肢肌分为前、后、左、右侧四部分，按前、后、左、右侧顺序，用双手掌纵向、横向搓揉大腿皮肤肌肉各60次。

2.搓揉膝部。两手五指并拢，两手掌同时搓揉两腿膝部、髌部各60次。

3.搓揉足三里。足三里穴位于腿部外膝下3寸，胫骨外侧约一横指处。两手四指指腹纵向和横向搓揉足三里穴各60次。足三里穴是人体长寿穴，按摩此穴对全身与腿部保健起到重要作用。

4.搓揉膝阳关穴。膝阳关穴位于股骨外踝上方凹陷处。搓揉方法：两手四指指腹上下、左右搓揉膝阳关穴各60次，对膝关节和下肢能起到保健作用。

☞ **第二节　小腿部搓揉运动**

动作：

1.叩小腿。两手握空拳，叩同侧胫骨内外侧各60次。

2.拿腿肚。两手拇指与四指相对，两手拿左腿腓肠肌部位60次，再拿右腿腓肠肌部位60次。

3.搓揉悬钟穴。悬钟穴位于小腿外踝尖上3寸，腓骨后缘处。三阴交穴位于小腿内踝尖上3寸，胫骨后缘处。搓揉方法：中指搓揉同侧悬钟穴，拇指搓揉三阴交穴，内旋、外旋各60次。通过搓揉穴位，对膝、踝关节起到保健作用。

4.搓足跟。两手拇指搓揉两足足跟，先搓揉足跟内外侧各60次，再纵横搓揉足跟底部各60次。

5.搓揉然谷穴。然谷穴位于足内踝前下方，舟状骨前下凹陷处。两手拇指分别搓揉同侧然谷穴至足心凹处各60次。搓揉然谷穴对慢性病与腿能起到保健作用。

6.搓揉涌泉穴。涌泉穴在足底前、中1/3交界处。用两手拇指指腹纵向、横向搓揉两足涌泉穴各60次。涌泉穴是人体长寿穴，揉搓此穴位对全身与腿部保健起到重要作用。

7.展屈转踝部。

（1）右下肢伸直，左腿膝关节屈膝内收，左小腿压在右髋部。左手向下按压左膝60次。左五趾关节及踝关节同时用力背屈60次，再跖屈60次。以跖踝关节及踝关节为轴，足部内转60次，再外转60次。

（2）左下肢伸直，动作同（1）方向相反。

第三节　转膝运动

动作：

1.前后屈伸。两下肢前后屈伸，两小腿用力交替作前后屈伸和摆动各60次。

2.左右摆腿。两小腿同时左右摆动各60次。

3.左右转腿。两小腿同时做顺时针、逆时针转动各60次。

第八套　腿部经络穴位保健操

中医认为，筋软和骨弱是老年人骨质疏松、髌骨软化、膝关节退行性病变的主要原因。《说文解字》云："筋者，肉之力也"，"骨者，肉之核也"。筋骨相连，二者一损俱损，一荣俱荣。"肝藏血，主筋"，筋的强健依靠肝血的荣养。"肾主骨，生髓"，肾生理功能正常，骨髓充足，骨骼强壮。根据中医"肝肾同源"理论，腿部经络穴位保健操能起到肝肾并补、筋骨同治、调和气血、畅通经络作用。

动作一，搓揉六经调气血。

坐姿。用两手掌分别搓揉两腿前部、后部、外侧、内侧部位，方向从大腿跟部至脚部，纵向搓揉60次，横向搓揉60次。腿部分布着肝、胆、脾、胃、肾、膀胱等六条经脉，通过揉搓腿部有助流通经络和调和气血。

动作二，上下理筋祛瘀陈。

坐姿。两手十指分别抓捏两腿前部、后部、外侧、内侧部位，方向从大腿跟部至脚部，每侧抓捏60次。通过抓捏腿部，能有效做到强筋祛瘀。

动作三，按摩穴位补肝肾。

坐姿。顺时针和逆时针方向按揉两腿部太溪、太冲、三阴交、阴陵泉穴位各60次。太溪是肾经的元穴，位于足内踝尖与跟腱中间的凹陷处。太冲是肝经的元穴，位于足背第一二趾骨基底结合部前方凹陷处，可触及动脉脉搏动处。按揉太溪和太冲穴可养补肝肾。三阴交穴位于足内踝尖直向上四横指处，是肝脾肾三经脉交汇的地方，按揉该穴可补益肝肾气血，有助于加强太溪、太冲补肝肾的作用。

动作四，抓揉膝周壮筋骨。

坐姿。两手五指张开，分别放在两腿膝关节上，每只手同时按住四穴位，食指控制内膝眼穴，中指控制外膝眼穴，大拇指控制血海穴（位于股四头肌内侧头隆起处），小指控制梁丘穴（位于髌底外侧端向上两横指处），无名指放在膝关节外侧中央。两手五指用力抓揉10分钟。四穴位分布在膝关节周围，如众星捧月般保护着膝关节，其中血海穴和梁丘穴都是气血充盛之处，抓揉这两穴对膝、腿和脚的气血有补益作用。抓揉膝关节，对于强壮筋骨、恢复膝关节屈伸功能起到重要作用。

长期习练本套操,能有效疏通经络、调和气血、培补肝肾、强筋壮骨,对膝关节病、中老年筋软骨弱等病症起到保健作用,对保持中老年腿部灵活,步履稳健起到重要作用。

第五章　腿部痛风防治操

痛风病是新陈代谢性疾病，是由嘌呤类物质分解代谢产物尿酸增多引起的一系列特殊表现，主要特点是血液中尿酸增多，反复发作造成的急性关节炎和慢性关节炎症。痛风病情隐匿，病程缓慢是普遍特点，多数发病症状为急性痛风关节炎，慢性关节炎病变可导致关节畸形、功能受限。治疗痛风除降低尿酸含量、防止劳累受寒、做到生活规律外，痛风防治操是预防痛风发生和治疗痛风病的有效方法。

第一套　腿部关节痛风防治操

第一节　髋关节

动作：本节四个动作，连续运动 4×8 拍。

1.抬腿运动。自然站立，两臂自然摆动作高抬腿运动。如图 5-1 所示。

图 5-1　抬腿运动

2.踢腿运动。自然站立，两手叉腰，作两腿前踢腿运动。如图 5-2 所示。两臂侧伸，作两腿侧踢腿运动。如图 5-3 所示。

图 5-2　踢腿运动（前踢）　　　　图 5-3　踢腿运动（侧踢）

3.左右摆腿。自然站立,两手叉腰,左腿站立,作右腿左、右摆腿运动。右腿站立,作左腿左、右摆腿运动。如图5-4所示。

图5-4 左右摆腿

4.抱膝运动。自然站立,两臂前伸,分别作两腿抱膝运动。如图5-5所示。

图5-5 抱膝运动

第二节 膝关节

动作:本节四个动作,连续运动4×8拍。

1.仰卧屈膝。仰卧,两臂放身体两侧,两腿抬起分别作屈膝运动。两手作抱左、右膝屈膝运动。如图5-6所示。

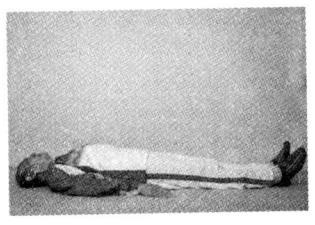 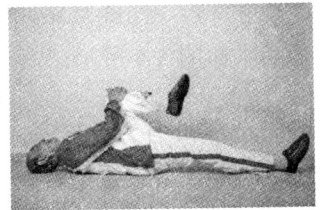 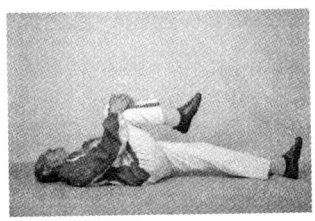

图 5-6　仰卧屈膝

2.坐姿屈膝。端坐，腿伸直，两腿分别作屈膝运动。如图 5-7 所示。

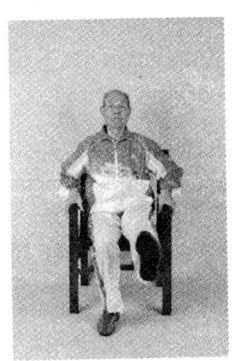 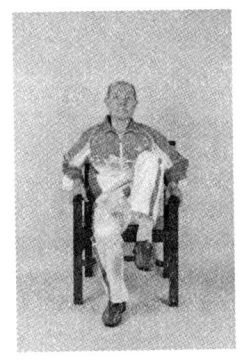 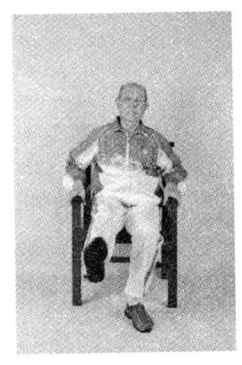 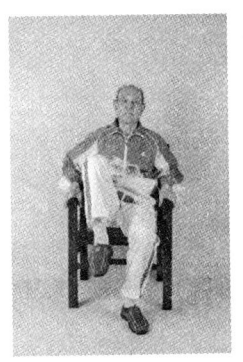

图 5-7　坐姿屈膝

3.坐姿揉膝。端坐，两腿屈膝，两手掌纵横搓揉左膝四周，两手掌纵横搓揉右膝四周。如图 5-8 所示。

  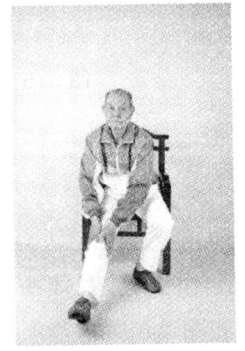 

图 5-8　坐姿揉膝

4.站立蹲起。自然站立，两手叉腰做半蹲、深蹲运动。如图5-9所示。

图5-9　站立蹲起

☞ 第三节　踝关节

动作：本节四个动作，连续运动4×8拍。

1.坐姿，两腿前伸，脚跟着地，脚尖绷直，脚尖作前后运动。作向内、向外翻运动。如图5-10所示。

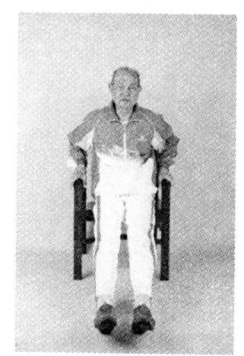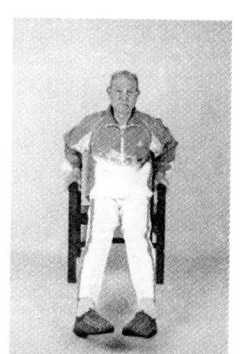

图5-10　动作一

2.坐姿，两腿屈膝，左脚前伸，脚踝作向内、向外转动运动。右脚前伸，脚踝作向内、向外转动运动。如图5-11所示。

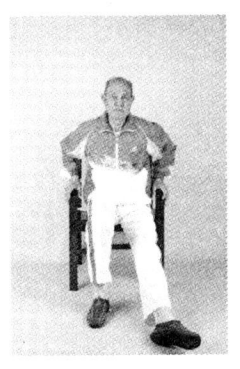 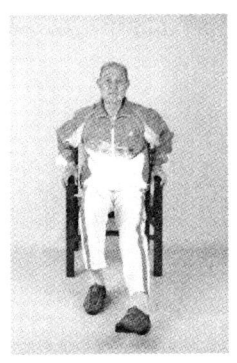 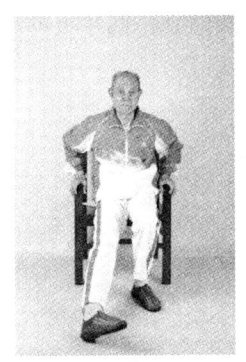 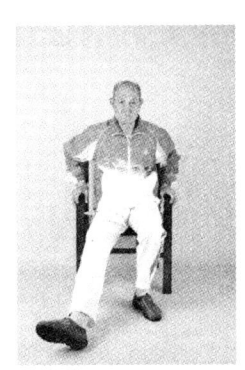

图 5-11 动作二

3.坐姿,左脚搭在右腿上,左手握住左脚弓部,右手握住左脚趾,作向前向后转动运动;右脚搭在左腿上,动作同左脚。如图 5-12 所示。左脚搭在右腿上,左手握左脚弓部,右手握左脚脚趾,作向内向外转动踝部运动;右脚搭左腿上,动作同左脚。如图 5-13 所示。

 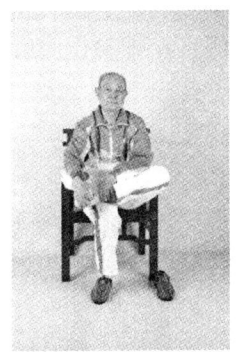  

图 5-12 动作三

图 5-13 动作四

4.坐姿，脚尖着地，两臂前伸，作上下抬腿运动。

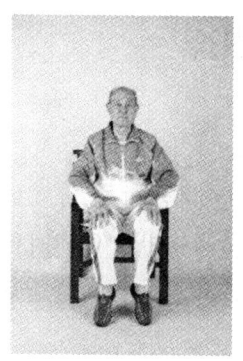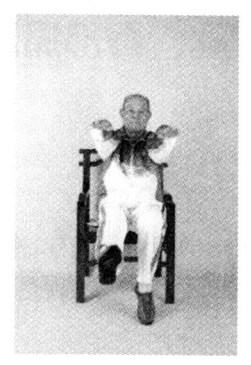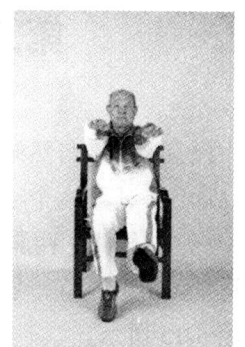

图 5-14　动作五

第二套　腿、臀部痛风防治操

预备姿势：自然站立，挺胸收腹，两臂下垂，两眼平视。

动作：本节六个动作，连续运动 4×8 拍。

1.屈腿转膝。两脚并拢屈腿，两手扶两膝，作顺时针转膝运动，作逆时针转膝运动。分脚站立，屈膝两手扶两膝，作顺时针转膝运动，作逆时针转膝运动。如图 5-15 所示。

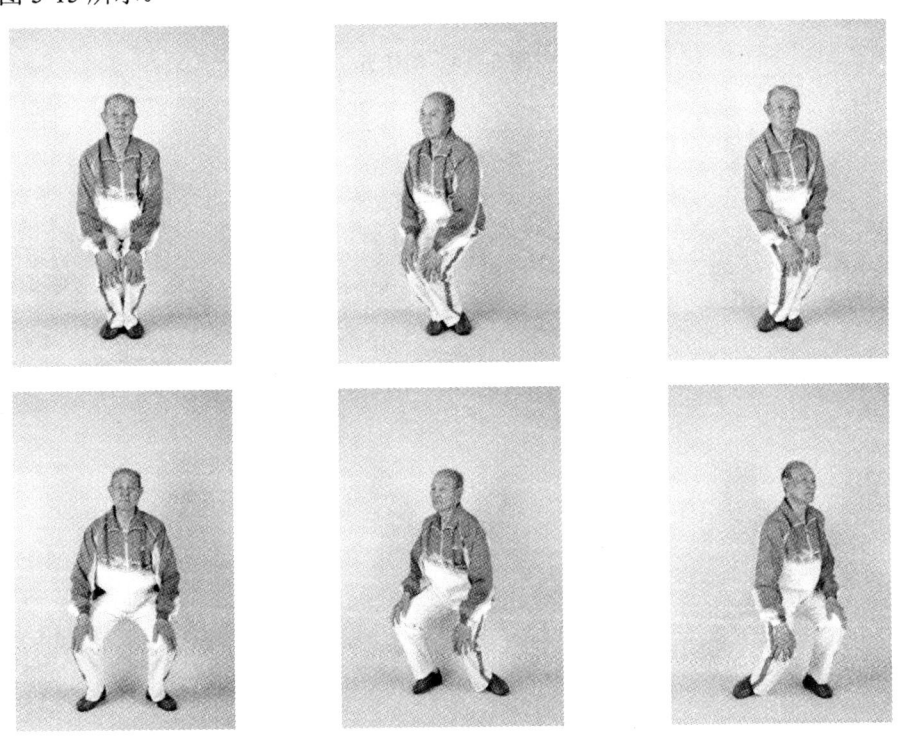

图 5-15　屈腿转膝

2.弓步转体。分腿站立一大步，两手叉腰，拇指向后，左腿弓步作左右转腰运动。右腿弓步，作左右转腰运动。如图 5-16 所示。

图 5-16 弓步转体

3.俯蹲伸腿。两手扶膝,作屈膝全蹲运动。上体前俯,作两手摸左右脚背运动。如图 5-17 所示。

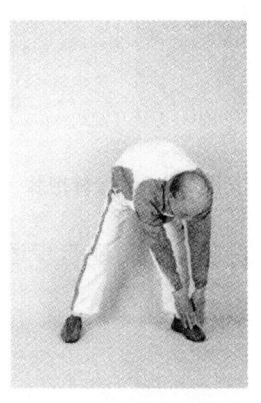

图 5-17 俯蹲伸腿

4.转膝托掌。上体前俯屈膝，左手扶右膝，作右手经体侧上举托掌运动。右手扶左膝，作左手经体侧上举托掌运动。如图5-18所示。

图5-18 转膝托掌

5.展臂抱膝。左脚前迈一步，右脚跟提起，两臂同时上举，抬头挺胸，两臂下落作抱膝于胸前运动。右脚前迈一步，左脚跟提起，两臂同时上举，抬头挺胸，两臂下落作抱膝于胸前运动。如图5-19所示。

图5-19 展臂抱膝

6.走步运动。两手叉腰，两腿作高抬腿走步运动，两腿作自然走步运动。如图5-20所示。

第五章　腿部痛风防治操

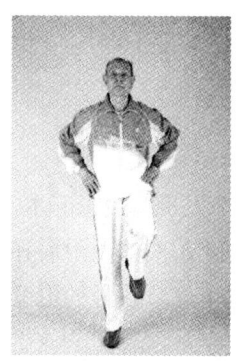

图 5-20　走步运动

91

第三套 老寒腿防治操

"老寒腿"是膝关节骨性关节炎的俗称,表现为下肢及关节发凉、酸胀麻木、疼痛和行动不便。中医认为,老寒腿是由风、寒、湿三种邪气侵入人体,附着在血脉经络,引起经络不通所致。老寒腿多发生在老年人群,与膝关节软骨的退变有关。预防老寒腿可习练老寒腿防治操。

预备姿势:端坐,屈膝,两臂下垂,两眼平视。

动作:本节六个动作,连续运动 4×8 拍。

1. 干洗双腿。两手紧抱大腿,用力从大腿根部向下按摩至足踝部,再从足踝部往上按摩至大腿根部。如图 5-21 所示。

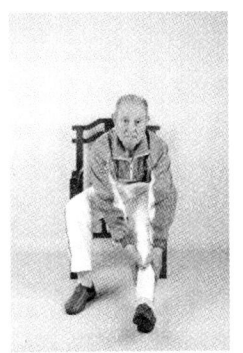

图 5-21 干洗双腿

2. 搓揉腿肚。两手夹紧左小腿肚子,作横向、纵向搓揉腿肚运动。两手夹紧右小腿肚子,作横向、纵向搓揉腿肚运动。如图 5-22 所示。

第五章 腿部痛风防治操

图 5-22 搓揉腿肚

3.捏揉髌骨。两手五指分别捏揉髌骨前后及两侧。如图 5-23 所示。

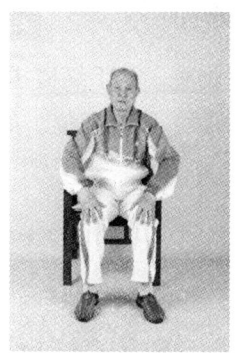

图 5-23 捏揉髌骨

4.屈腿转膝。两腿屈膝,两手放在膝部,作顺时针、逆时针转动。如图 5-24 所示。

图 5-24 屈腿转膝

5.屈伸大腿。两臂前伸,左腿抬起前伸,做屈伸运动。右腿抬起前伸,做屈伸运动。如图5-25所示。

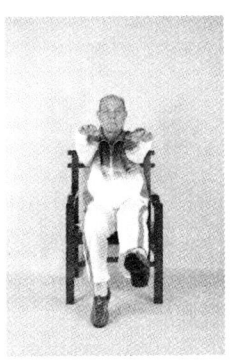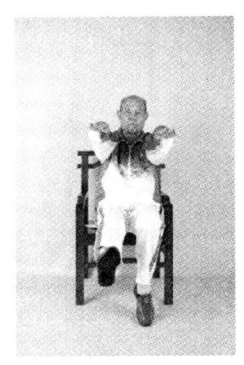

图5-25 屈伸大腿

6.两手搓脚。左脚搭在右腿上,左手握脚腕,右手纵横搓揉脚跟、脚心部位。右脚搭在左腿上,右手握脚腕,左手搓揉脚跟、脚心部位。如图5-26所示。

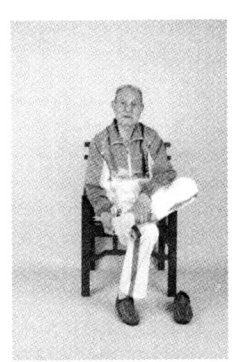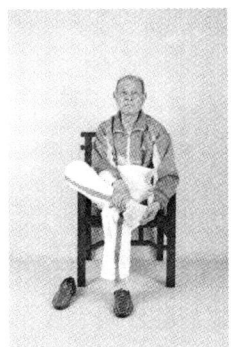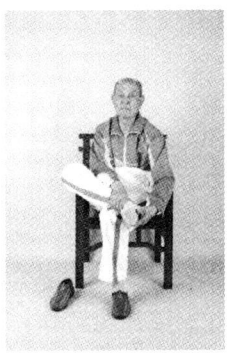

图5-26 两手搓脚

第五章 腿部痛风防治操

第四套 腿形锻炼操

☞ 第一节 站姿

预备姿势：自然站立，挺胸收腹，两臂下垂，两眼平视。

动作：本节四个动作，连续运动 4×8 拍。

1. 瘦大腿内侧。两脚分开一大步，两手叉腰，以脚为轴心，作向左转体运动，作向右转体运动。如图 5-27 所示。

图 5-27 瘦大腿内侧

2. 瘦大腿外侧。左腿站立，两臂侧伸，右腿抬起作屈伸运动。右腿站立，两臂侧伸，左腿抬起作屈伸运动。如图 5-28 所示。

图 5-28 瘦大腿外侧

3.瘦大腿前侧。两手叉腰,左腿抬起脚尖绷直作屈膝运动。右腿抬起脚尖绷直作屈膝运动。如图5-29所示。

图5-29 瘦大腿前侧

4.瘦大腿后侧。两手叉腰,左脚向前迈一步成弓步,右腿伸直脚后跟不动,作弓步运动。右脚向前迈一步成弓步,左腿伸直脚后跟不动,作弓步运动。如图5-30所示。

图5-30 瘦大腿后侧

第二节 卧姿

预备姿势:躯体仰卧,两腿伸直,两臂体侧伸直。

动作:本节四个动作,连续运动4×8拍。

1.仰卧,两腿上举与地面垂直,两臂侧伸,两腿同时作向内旋转、向外旋转运动。如图5-31所示。

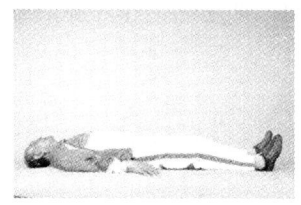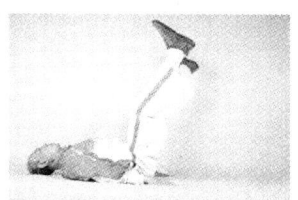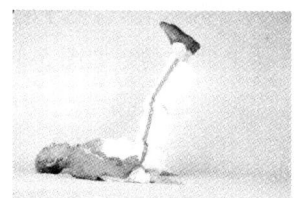

图 5-31 动作一

2.仰卧，两腿上举与地面垂直，两臂放在身体两侧，两腿作屈膝运动，左右腿分别作屈膝运动。如图 5-32 所示。

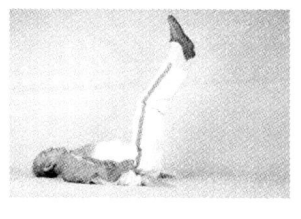

图 5-32 动作二

3.仰卧，两臂体侧伸直，两腿屈膝上举，作骑自行车动作。如图 5-33 所示。

图 5-33 动作三

4.仰卧，两臂侧平伸，两腿上举伸直，作右屈膝左腿上伸运动。作左腿屈膝右腿上伸运动。如图 5-34 所示。

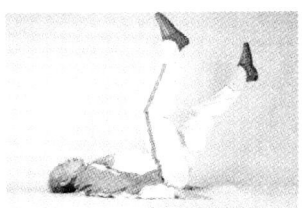  

图 5-34　动作四

第六章　腿部保健操

第一套　健腿六字操

预备姿势：自然站立，挺胸收腹，两臂下垂，两眼平视。

动作：六个动作，连续运动4×8拍。

1.踢。左腿站立，两手叉腰，抬右腿，脚尖绷直，作前踢运动。右腿站立，两手叉腰，抬左腿，脚尖绷直，作前踢运动。左腿站立，两臂侧伸，抬右腿，脚尖绷直，作侧踢运动。右腿站立，两臂侧伸，抬左腿，脚尖绷直，作侧踢运动。如图6-1所示。

图6-1　踢

2.蹬。左腿站立，双手叉腰，右脚尖翘起做前蹬运动；右腿站立，左脚尖翘起做前蹬运动。左腿站立，两臂前伸，右脚尖翘起做前蹬运动；右腿站立，左脚尖翘起做前蹬运动。如图6-2所示。

图 6-2 蹬

3.跳。两手叉腰，脚尖着地，作原地跳跃运动，作前跳运动，作两腿左跳、右跳运动。如图 6-3 所示。

图 6-3 跳

4.蹲。两腿分开，两臂前伸，作蹲起运动，再作脚尖着地蹲起运动。两臂侧伸，坐蹲起运动，再作脚尖着地蹲起运动。两腿并拢，作两臂侧伸蹲起运动。如图 6-4 所示。

图 6-4 蹲

5.压。左腿站立,右腿抬起放高凳上,脚尖勾起,两腿伸直,两手扶右腿膝关节作正压腿运动。右腿站立,左腿抬起放高凳上,脚尖勾起,两腿伸直,两手扶左腿膝关节作正压腿运动。左腿站立,抬起右腿放高凳上,脚尖绷直左臂上举,右臂作压腿运动。右腿站立,抬起左腿放高凳上,脚尖绷直右臂上举,左臂作压腿运动。如图 6-5 所示。

图 6-5 压

6.搓（揉）。左腿站立，右腿前伸放高凳上，脚尖绷直双手同时搓揉大腿、膝关节、小腿部。右腿站立，左腿前伸放高凳上，脚尖绷直双手同时搓揉大腿、膝关节、小腿部。如图6-6所示。

图 6-6 搓（揉）

第二套 预防跌倒操

据专业部门信息，我国每年约有三分之一老年人发生一次或多次跌倒。65 岁以上老年人每年跌倒发生概率近三分之一，80 岁以上老年人跌倒发生概率为二分之一。我国每年至少有 2000 万老年人发生跌倒 2500 万次。全球每年有 40 万人死于跌倒。老年人跌倒通常有以下原因：肌肉量减少、全身力量不足、平衡能力差；神经系统老化、视觉反映迟钝；患有基础疾病，导致走路不稳；视力减退，视线模糊不清等。老年人练习预防跌倒操可有效防止跌倒。

☞ 第一节 站姿

预备姿势：自然站立，挺胸收腹，两臂下垂，两眼平视。

动作：本节四个动作，连续运动 4×8 拍。

1.原地踏步运动。两手叉腰，作踏步运动，作高抬腿踏步运动。如图 6-7 所示。

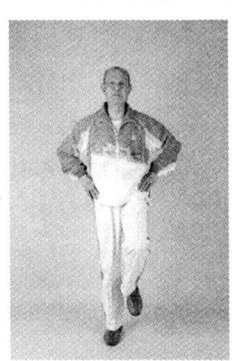

图 6-7 原地踏步运动

2.前后踏步运动。作向前踏步运动，作向前高抬腿踏步运动。作反向踏步运动，作反向高抬腿踏步运动。动作可参照图 6-7。

3.前进向左踏步运动。作前进向左返回原地踏步运动，作前进向左返回原地高抬腿踏步运动。动作可参照图 6-7。

4.前进向右踏步运动。作前进向右返回原地踏步运动，作前进向右返回原地高抬腿踏步运动。动作可参照图 6-7。

第二节 坐姿

预备姿势：端坐，上体正直，两眼平视。

动作：本节六个动作，连续运动4×8拍。

1. 升降运动。屈膝，两脚并拢，以脚跟为轴，脚尖作升降运动。以脚尖为轴，脚跟作升降运动。如图6-8所示。

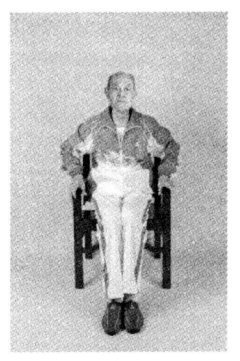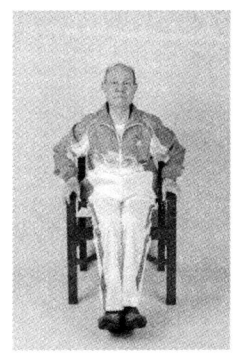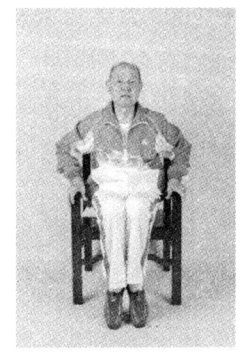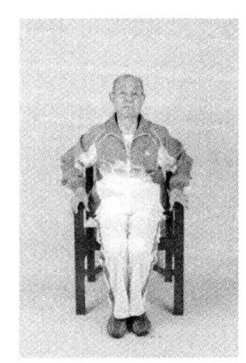

图6-8 升降运动

2. 转动运动。两脚分开同肩宽，脚尖着地，两手扶两膝，作顺时针、逆时针转动运动。如图6-9所示。

3. 开合运动。两膝并拢，抬高两腿，作两小腿向外分开与合并运动。如图6-10所示。

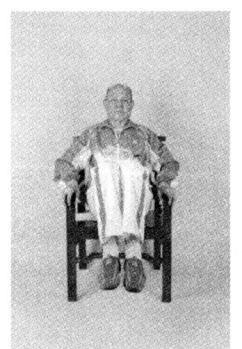

图6-9 转动运动　　　　　　　　**图6-10 开合运动**

4. 伸腿运动。左脚平放，右腿抬起，脚尖下绷作伸腿运动。右脚平放，左腿抬起，脚尖绷直作伸腿运动。如图 6-11 所示。

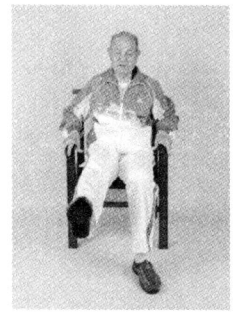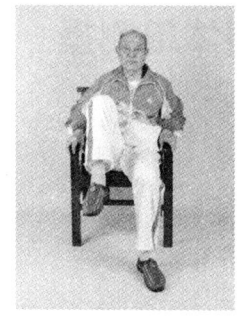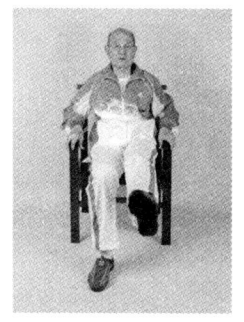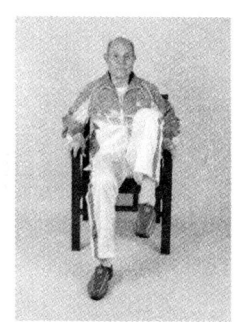

图 6-11　伸腿运动

5.抱膝运动。左脚平放，右腿抬起，作两手抱右膝运动。右脚平放，左腿抬起，作两手抱左膝运动。如图 6-12 所示。

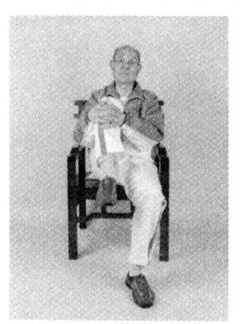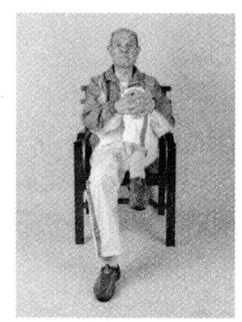

图 6-12　抱膝运动

6.转膝运动。两膝并拢，两手扶两膝，作顺时针、逆时针转膝运动。分脚同肩宽，两手扶膝，作顺时针、逆时针转膝运动。如图 6-13 所示。

图 6-13　转膝运动

第三套 强体单侧操

预备姿势：自然站立，挺胸收腹，两臂下垂，两眼平视。

第一节 上肢单侧运动

动作：本节两个动作，连续运动 4×8 拍。

1.伸展运动。左手叉腰，右臂作上举、前伸、侧伸运动。如图 6-14 所示。右手叉腰，左臂作上举、前伸、侧伸运动。如图 6-15 所示。

图 6-14 伸展运动（右侧）

图 6-15 伸展运动（左侧）

2.屈肘运动。左手叉腰，右臂作前伸屈肘运动，作侧伸屈肘运动。如图 6-16

所示。右手叉腰，左臂作前伸屈肘运动，作侧伸屈肘运动。如图 6-17 所示。

图 6-16　屈肘运动（右手）

图 6-17　屈肘运动（左手）

☞ 第二节　下肢单侧运动

动作：本节四个动作，连续运动 4×8 拍。

1.点地运动。左腿站立，右脚作前后点地运动，作左右点地运动。如图 6-18 所示。右腿站立，左脚作前后点地运动，作左右点地运动。如图 6-19 所示。

图 6-18　点地运动（右脚）

图 6-19　点地运动（左脚）

2.伸展运动。左腿站立，右腿作前伸、后伸运动，作向内、向外伸展运动。如图 6-20 所示。右腿站立，左腿作前伸、后伸运动，作向内、向外伸展运动。如图 6-21 所示。

图 6-20　伸展运动（右腿）

图 6-21 伸展运动（左腿）

第三节　四肢单侧运动

动作：本节四个动作，连续运动 4×8 拍。

1.左腿站立，左手叉腰。右臂上举，右腿作抬起运动；右臂前伸，右腿作前伸运动；右臂侧伸，右腿作侧伸运动；右臂后伸，右腿作后伸运动。如图 6-22 所示。

图 6-22　右臂运动

2.右腿站立，右手叉腰。左臂作上举，左腿作抬起运动；左臂作前伸，左腿作前伸运动；左臂作侧伸，左腿作侧伸运动；左臂作后伸，左腿作后伸运动。如图 6-23 所示。

图 6-23 左臂运动

第四节 跳跃单侧运动

动作：本节两个动作，连续运动 4×8 拍。

1.叉腰跳跃运动。两手叉腰，左腿站立，右腿抬起，作跳跃运动。右腿站立，左腿抬起，作跳跃运动。如图 6-24 所示。

2.摆臂跳跃运动。两臂自然摆动，左腿站立，右腿抬起，作跳跃运动。右腿站立，左腿抬起，作跳跃运动。如图 6-25 所示。

图 6-24 叉腰跳跃运动　　　　　图 6-25 摆臂跳跃运动

第四套 单腿支撑操

预备姿势：自然站立，挺胸收腹，两臂下垂，两眼平视。

动作：本节六个动作，连续运动 4×8 拍。

1. 戳——指天指地式。左腿站立，右脚尖指地直立，作左手上举指天，右手下伸指地运动。右腿站立，左脚尖指地直立，作右手上举指天，左手下伸指地运动。如图 6-26 所示。

图 6-26 戳——指天指地式

2. 提——平托扁担式。左腿站立，右脚靠左膝呈金鸡站立，作两臂上举呈托掌运动。右腿站立，左脚靠右膝呈金鸡站立，作两臂上举呈托掌运动。如图 6-27 所示。

图 6-27 提——平托扁担式

3.抿——刘海戏蟾式。左腿站立,右腿抿脚护裆,作左手向下指地,右手上举指天运动。右腿站立,左腿抿脚护裆,作右手向下指地,左手上举指天运动。如图 6-28 所示。

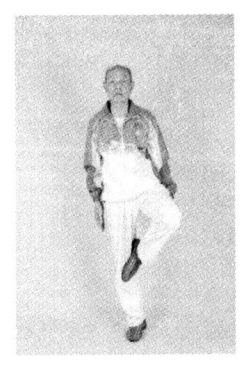

图 6-28　抿——刘海戏蟾式

4.盘——直立盘坐式。左腿屈膝下蹲,右脚搭在左腿膝部,作两掌胸前抱掌运动。右腿屈膝下蹲,左脚搭在右腿膝部,作两掌胸前抱掌运动。如图 6-29 所示。

图 6-29　盘——直立盘坐式

5.折——折叠外撑式。左腿站立屈膝,右脚倒在左腿后方,作两手掌向外撑运动。右腿站立屈膝,左脚倒在右腿后方,作两手掌向外撑运动。如图 6-30 所示。

第六章 腿部保健操

图 6-30 折——折叠外撑式

6.踹——寒鸦浮水式。左腿站立弯曲，右腿向后踹直，作两手掌心向前运动。右腿站立弯曲，左腿向后踹直，作两手掌心向前运动。如图 6-31 所示。

图 6-31 踹——寒鸦浮水式

第五套　腿部保健操

预备姿势：自然站立，挺胸收腹，两臂下垂，两眼平视。

动作：本节八个动作，连续运动 4×8 拍。

1. 干洗腿。左腿前伸，两手握住大腿，从根部至脚踝部作搓揉运动，再从脚踝部至大腿根部作搓揉运动。右腿前伸，两手握住大腿，从根部至脚踝部作搓揉运动，再从脚踝部至大腿根部作搓揉运动。

2. 揉腿。两手掌纵向、横向搓揉左腿小腿肚。两手掌纵向、横向搓揉右腿小腿肚，作旋转搓揉运动。

3. 拍腿。两手拍打左腿大腿部位，再拍打小腿部位。两手拍打右腿大腿部位，再拍打小腿部位。

4. 压腿。左腿伸直放凳上，脚尖伸直，作两手压腿运动；右腿伸直放凳上，脚尖伸直，作两手压腿运动。左腿伸直放凳上，右手叉腰，左臂后伸作压腿运动；右腿伸直放凳上，左手叉腰，右臂后伸作压腿运动。

5. 甩腿。左手扶墙站立，作右腿前后甩腿运动，再作左右甩腿运动。右手扶墙站立，作左腿前后甩腿运动，再作左右甩腿运动。

6. 伸腿。两手叉腰站立，作两腿交替前伸运动，作两腿交替后伸运动，作两腿交替侧伸运动。

7. 高抬腿。两腿原地作高抬腿运动，两腿前行作高抬腿运动。

8. 旋两膝。两腿屈膝，两手放膝部，作前后旋转两膝运动，作顺时针、逆时针旋转两膝运动。

第六套　体形锻炼操

预备姿势：自然站立，挺胸收腹，两臂下垂，两眼平视。

第一节　上肢形态运动

动作：本节两个动作，连续运动4×8拍。

1.伸臂运动。左脚向左侧迈一步，两手背后握拳，作左臂前伸运动，作右臂前伸运动，作两臂向前伸运动。右脚向右侧迈一步，两手背后握拳，作右臂前伸运动，作左臂前伸运动，作两臂向前伸运动。如图6-32所示。

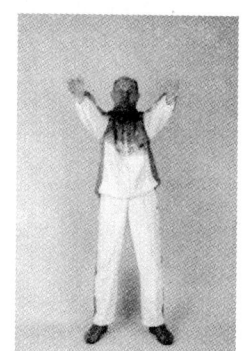

图6-32　伸臂运动

2.展肩运动。左脚向左侧迈一步，两臂肩前屈肘，两臂上举作展肩运动。右脚向右侧迈　步，两臂肩前屈肘，两臂上举作展肩运动。如图6-33所示。左脚向左侧迈一步，两臂侧伸屈肘，两臂上伸作展肩运动；右脚向右侧迈一步，两臂侧伸屈肘，两臂上伸作展肩运动。如图6-34所示。

图 6-33 展肩运动（前屈）

图 6-34 展肩运动（侧伸）

☞ 第二节 下肢形态运动

动作：本节两个动作，连续运动 4×8 拍。

1.弹踢运动。两手叉腰，足跟相靠半蹲。起踵站立，抬左腿与地平行，脚尖绷直，作向前下方弹踢运动。抬右腿与地平行，脚尖绷直，作向前下方弹踢运动。如图 6-35 所示。

图 6-35　弹踢运动

2.侧踢运动。左脚前点地，两臂作上举运动，右脚前点地，两臂作上举运动。两臂侧伸，左腿作侧踢运动，右腿作侧踢运动。如图 6-36 所示。

图 6-36　侧踢运动

第三节　躯干形态运动

动作：本节两个动作，连续运动 4×8 拍。

1.弓步伸展运动。左脚左侧呈左弓步，两手叉腰，左臂作左前方伸展弓步运动。右脚右侧呈右弓步，两手叉腰，右臂作右前方伸展弓步运动。如图 6-37 所示。

图 6-37 弓步伸展运动

2.转体伸展运动。左脚左侧一步,左臂左侧伸,右手摸左肩,作左臂左展转体运动。右脚右侧一步,右臂右侧伸,左手摸右肩,作右臂右展转体运动。如图6-38所示。

图 6-38 转体伸展运动

第四节 全身形态运动

动作:本节四个动作,连续运动4×8拍。

1.伸臂摸足运动。左腿前伸,上体前俯,右臂前伸,作左手摸左脚运动。右腿前伸,上体前俯,左臂前伸,作右手摸右脚运动。如图6-39所示。

图 6-39　伸臂摸足运动

2.半蹲伸展运动。左脚左侧一步，右脚向左脚后侧呈掖步，两臂作下伸运动。右脚右侧一步，左脚向右脚后侧呈掖步，两臂作下伸运动。左脚左侧一步，两脚前脚掌着地，两腿呈交叉半蹲，两臂作侧伸运动。右脚右侧一步，两脚前脚掌着地，两腿呈交叉半蹲，两臂作侧伸运动。如图6-40所示。

图 6-40　半蹲伸展运动

第七套　舒筋壮骨操

预备姿势：自然站立，挺胸收腹，两臂下垂，两眼平视。

动作：本节八个动作，连续运动4×8拍。

1.摘星换月运动。①左脚前迈一步，脚尖着地，右膝屈，起支撑作用。右手上举伸直呈勾手，左手向下向后至身后，内旋左臂呈勾手。头左转，目视左方，连续呼吸10次，吸气均匀，呼气时两手拇指与食指、中指用力向内捏。②左脚前迈一步，脚尖着地，动作同①，方向相反。如图6-41所示。

功效：该运动具有疏通经络、调理脾胃作用。

图6-41　摘星换月运动

2.倒拽牛尾运动。①野牛耕地。以左脚跟为轴，左脚前弓呈左弓步，右腿后蹬伸直，上体左转向前起身。左手向前穿至肩高立掌，右手在身后呈勾手，左右手与左弓步呈野牛耕地姿势。连续呼吸10次，吸气放松，呼气意想后腿蹬地，左手向前撑，右手呈拉犁之劲。②野牛耕地，以右脚跟为轴，动作同①，方向相反。如图6-42所示。

功效：该动作有助发展腰、腿、髋关节柔韧性，能增强全身力量。

图 6-42　倒拽牛尾运动

3.出爪亮翅运动。①向前戳掌亮翅。并脚，两手上提至腰握拳，拳心向上，两拳变掌向前戳出，掌心向下，连续呼吸 10 次。②向侧推掌亮翅，两掌收至腰部抱拳，拳心向上，目视前方，两拳变掌向两侧推掌亮翅，立掌与肩平，掌心向外，目视前方，连续呼吸 10 次。如图 6-43 所示。

功效：该运动能发展指力与两臂屈伸能力，锻炼肱二头肌和肱三头肌力量。

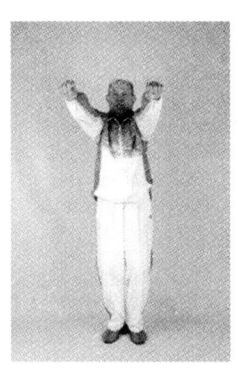

图 6-43　出爪亮翅运动

4.三盘落地运动。①深蹲呼吸。两腿深蹲，两手下垂触地，掌心向内，目视前方，连续呼吸 10 次。②半蹲呼吸。两腿半蹲，两臂侧伸掌心向下，连续呼吸 10 次。③蹲起呼吸。两腿伸直，上身挺直，两臂前伸，掌心向内，目视前方，连续呼吸 10 次。如图 6-44 所示。

功效：该运动能增强腿部力量，保持膝、髋关节柔韧性。

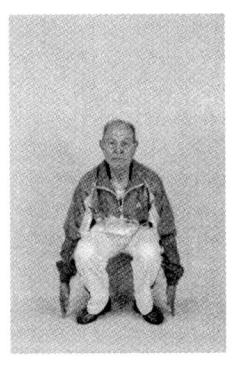

图 6-44　三盘落地运动

5.青龙探爪运动。①握拳护腰。左脚左跨一步呈开立步，两手握拳至腰部，拳心向上，目视前方，连续呼吸 10 次。②胸前探掌。左拳变掌向前上方探出，右手下按，连续呼吸 10 次。右掌向前上方探出，左手下按，连续呼吸 10 次。左右一伸一收反复练习。如图 6-45 所示。

功效：该运动能增强两臂力量和上肢关节灵活性。

图 6-45　青龙探爪运动

6.饿虎扑食运动。①左卧饿虎扑食。左脚向前迈一步呈弓步，右腿伸直，同时两手向前扑按，目视前方，两手下按膝部作弓步运动，两手前扑时十指张开似虎爪，连续运动 10 次。吸气时放松，呼气时两手按压膝部。②右卧饿虎扑食。动作同①，方向相反。如图 6-46 所示。

功效：该运动能增强腿部力量和膝关节灵活性。

图 6-46 饿虎扑食运动

7.打躬击鼓运动。①抱脑击鼓。左脚左跨一步呈开立，两手提起，掩耳后抱头，掌心向耳，掌指在头后耳侧相接，同时平肘平屈，用两手的食指弹击脑后部"鸣天鼓"10 次。②俯身打鼓。上体前俯，两腿伸直，头探于膝间作打躬状，目视膝间后方，连续呼吸 10 次。吸气放松，呼气时意想头和上体紧靠腿。如图 6-47 所示。

功效：鸣天鼓利于通气。俯身打躬能增强腰腿部柔韧性，头下垂能气血冲脑，起到保健作用。

图 6-47 打躬击鼓运动

8.四面摆莲运动。①前踢腿。左脚站立，右腿抬起，脚面绷直作前踢运动；右脚站立，左腿抬起，脚面绷直作前踢运动。②后踢腿。左脚站立，右脚作后踢运动，脚跟尽量触及臀部；右脚站立，左脚作后踢运动。③内踢腿。左脚站立，右脚作内踢运动；右脚站立，左脚作内踢运动。④外踢腿。左脚站立，右脚向外作外踢运动；右脚站立，左脚向外作外踢运动。如图 6-48 所示。

功效：该运动能增强腿部力量和下肢关节柔韧灵活性。

图 6-48　四面摆莲运动

第八套 综合运动操

预备姿势：自然站立，挺胸收腹，两臂下垂，两眼平视。

动作：本节十六个动作，连续运动 4×8 拍。

1.摆臂健腰运动。①前后摆臂。两臂前后摆动，带动腰部运动。②左右摆臂。两臂左右摆动，带动腰部运动。如图 6-49 所示。

图 6-49　摆臂健腰运动

2.前俯强腰运动。①前后伸臂。上体前俯，两臂作前伸运动，带动腰部运动。②上下摆背。上体前俯，两臂用力作上下运动，带动腰部运动。如图 6-50 所示。

图 6-50　前俯强腰运动

3.侧向舒腰运动。①左手叉腰，右臂上伸，作左侧向舒腰运动。右手叉腰，左臂上伸，作右侧向舒腰运动。②两臂上伸，作左侧向、右侧向舒腰运动。如图 6-51 所示。

图 6-51　侧向舒腰运动

4.叉腰转髋运动。①两手叉腰，作顺时针、逆时针转髋运动。②两手托臀，作顺时针、逆时针转髋运动。如图 6-52 所示。

5.伸臂展胸运动。①左脚前迈一步呈弓步，两臂上举用力作展胸运动。②右脚前迈一步呈弓步，两臂上举用力作展胸运动。如图 6-53 所示。

图 6-52　叉腰转髋运动　　　　　　图 6-53　伸臂展胸运动

6.握拳扩胸运动。①左脚前迈一步呈弓步，两臂握拳前伸用力作扩胸运动。②右脚前迈一步呈弓步，两臂握拳前伸用力作扩胸运动。如图 6-54 所示。

图 6-54　握拳扩胸运动

7.变脚展臂运动。①开脚，两臂用力作向前向上展臂运动。②开脚，两臂用力作侧向上下展臂运动。如图 6-55 所示。

图 6-55　变脚展臂运动

8.变脚拳击运动。①开脚，两臂握拳作拳击运动。②并脚，两臂握拳作拳击运动。如图 6-56 所示。

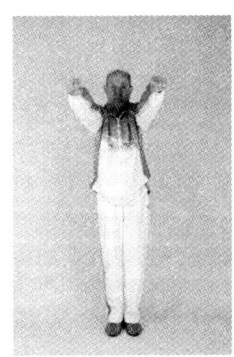

图 6-56　变脚拳击运动

9.摆臂抬腿运动。两臂自然摆动，作高抬腿运动。如图 6-57 所示。

10.托髋内踢运动。两手托髋部，作两腿内踢运动。如图 6-58 所示。

图 6-57　摆臂抬腿运动　　　　　图 6-58　托髋内踢运动

11.托臀后踢运动。两手托臀部，作两腿后踢运动。如图 6-59 所示。

12.叉腰前踢运动。两手叉腰，作两腿前踢腿运动。如图 6-60 所示。

第六章　腿部保健操

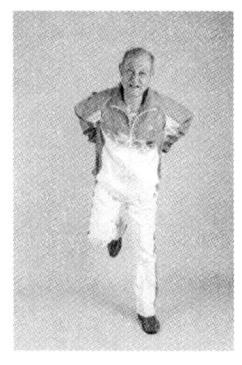

图 6-59　托臀后踢运动　　　　　　　　图 6-60　叉腰前踢运动

13.左右侧踢运动。两臂左右摆动，两腿作左右踢腿运动。如图 6-61 所示。

图 6-61　左右侧踢运动　　　　　　　　图 6-62　扶膝弓腿运动

14.扶膝弓腿运动。①左腿前伸呈弓步，两手扶膝部作弓腿运动。②右腿前伸呈弓步，两手扶膝部作弓腿运动。如图 6-62 所示。

15.下蹲压腿运动。①左腿侧伸，右腿下蹲，左手作压腿运动，右手作腿内侧搓揉运动。②右腿侧伸，左腿下蹲，右手作压腿运动，左手作腿内侧搓揉运动。如图 6-63 所示。

图 6-63　下蹲压腿运动

16.踮步整理运动。两手叉腰作踮步运动，两臂前后摆动作踮步运动。

下篇

单腿站立操

第七章 单腿平衡操

第一套 下肢单项平衡操

预备势：自然站立，两臂体侧下垂，挺胸收腹，两眼平视。

第一节 压脚平衡

1. 左腿站立，两手置腹前，右脚压左脚面，平衡30秒。
2. 右腿站立，两手置腹前，左脚压右脚面，平衡30秒。

第二节 金鸡平衡

1. 左腿站立，两手侧伸，金鸡站立平衡30秒。
2. 右腿站立，两手侧伸，金鸡站立平衡30秒。

第三节 内伸平衡

1. 左腿站立，两手托臀，右腿内伸，平衡30秒。
2. 右腿站立，两手托臀，左腿内伸，平衡30秒。

第四节 前伸平衡

1. 左腿站立，两手叉腰，右腿前伸，平衡30秒。
2. 右腿站立，两手叉腰，左腿前伸，平衡30秒。

第五节 侧伸平衡

1. 左腿站立，两臂侧伸，右腿右侧伸，平衡30秒。
2. 右腿站立，两臂侧伸，左腿左侧伸，平衡30秒。

第六节　后伸平衡

1.左腿站立，两手前伸，右腿后伸，平衡 30 秒。
2.右腿站立，两手前伸，左腿后伸，平衡 30 秒。
根据本人身体情况和需求，灵活掌握平衡动作和平衡时间。
本套操能锻炼腿部、上肢与上肢关节，增强全身平衡协调能力。

第二套　下肢多项平衡操

预备势：自然站立，两臂体侧下垂，挺胸收腹，两眼平视。

第一节　左腿站立多项平衡

动作：左腿站立。

1.右脚压左脚面，两手置腹前，平衡 30 秒。
2.右腿抬起金鸡站立，两手置体侧平衡 30 秒。
3.右脚内伸，两手托臀平衡 30 秒。
4.右腿前伸，两手叉腰平衡 30 秒。
5.右腿右侧伸，两手侧伸平衡 30 秒。
6.右腿后伸，两手前伸平衡 30 秒。

根据本人身体情况和需求，右腿可做多项连续平衡，如：1 和 2，1、2 和 3，1、2、3 和 4，1、2、3、4 和 5，1、2、3、4、5 和 6 等。灵活掌握平衡动作和站立时间。

第二节　右腿站立多项平衡

动作：右腿站立。

1.左脚压右脚面，两手置腹前，平衡 30 秒。
2.左腿抬起金鸡站立，两手置体侧，平衡 30 秒。
3.左腿内伸，两手托臀，平衡 30 秒。
4.左腿前伸，两手叉腰，平衡 30 秒。
5.左腿左侧伸，两手两侧伸，平衡 30 秒。
6.左腿后伸，两手前伸，平衡 30 秒。

根据本人身体情况和需求，左腿可做多项连续平衡，如：1 和 2，1、2 和 3，1、2、3 和 4，1、2、3、4 和 5，1、2、3、4、5 和 6 等。灵活掌握平衡动作和站立时间。

本套操能锻炼腿部、上肢和上肢关节，增强全身平衡协调能力。

第三套 压脚上肢单项平衡操

预备势：自然站立，两臂体侧下垂，挺胸收腹，两眼平视。

第一节 上举平衡

1. 左腿站立，右脚压左脚面，两臂上举，平衡 30 秒。
2. 右脚站立，左脚压右脚面，两臂上举，平衡 30 秒。

第二节 前伸平衡

1. 左腿站立，右脚压左脚面，两臂前伸，平衡 30 秒。
2. 右腿站立，左脚压右脚面，两臂前伸，平衡 30 秒。

第三节 后伸平衡

1. 左腿站立，右脚压左脚面，两臂后伸，平衡 30 秒。
2. 右腿站立，左脚压右脚面，两臂后伸，平衡 30 秒。

第四节 侧伸平衡

1. 左腿站立，右脚压左脚面，两臂侧伸，平衡 30 秒。
2. 右腿站立，左脚压右脚面，两臂侧伸，平衡 30 秒。

第五节 前伸屈肘平衡

1. 左腿站立，右脚压左脚面，两臂前伸，屈肘平衡 30 秒。
2. 左腿站立，右脚压左脚面，两臂前伸，屈肘平衡 30 秒。

第六节 侧伸屈肘平衡

1. 左腿站立，右脚压左脚面，两臂侧伸，屈肘平衡 30 秒。
2. 右腿站立，左脚压右脚面，两臂侧伸，屈肘平衡 30 秒。

第七节　前伸摸肩平衡

1.左腿站立，右脚压左脚面，两臂前伸屈肘摸肩，平衡30秒。
2.右腿站立，左脚压右脚面，两臂前伸屈肘摸肩，平衡30秒。

第八节　侧伸摸肩平衡

1.左腿站立，右脚压左脚面，两臂侧伸屈肘摸肩，平衡30秒。
2.右腿站立，左脚压右脚面，两臂侧伸屈肘摸肩，平衡30秒。

本套操能增强腿部力量和支撑能力，能活动上肢和上肢关节，增强全身平衡协调能力。

第四套　压脚上肢多项平衡操

预备势：自然站立，两臂体侧下垂，挺胸收腹，两眼平视。

第一节　左腿站立多项平衡

动作：左腿站立，右脚压左脚面。

1.两臂上举平衡 30 秒。

2.两臂前伸平衡 30 秒。

3.两臂后伸平衡 30 秒。

4.两臂侧伸平衡 30 秒。

5.两臂前伸屈肘平衡 30 秒。

6.两臂侧伸屈肘平衡 30 秒。

7.两臂前伸摸肩平衡 30 秒。

8.两臂侧伸摸肩平衡 30 秒。

根据本人身体情况和需求，可以做上肢多项连续平衡，如：1 和 2，1、2 和 3，1、2、3 和 4，1、2、3、4 和 5，1、2、3、4、5 和 6，1、2、3、4、5、6 和 7，1、2、3、4、5、6、7 和 8。灵活掌握平衡动作和站立时间。

第二节　右腿站立多项平衡

动作：右腿站立，左脚压右脚面。

1.两臂上举平衡 30 秒。

2.两臂前伸平衡 30 秒。

3.两臂后伸平衡 30 秒。

4.两臂侧伸平衡 30 秒。

5.两臂前伸屈肘平衡 30 秒。

6.两臂侧伸屈肘平衡 30 秒。

7.两臂前伸摸肩平衡 30 秒。

8.两臂侧伸摸肩平衡 30 秒。

根据本人身体情况和需求，可以做上肢多项连续平衡，如：1 和 2，1、2 和 3，

1、2、3和4，1、2、3、4和5，1、2、3、4、5和6，1、2、3、4、5、6和7，1、2、3、4、5、6、7和8。灵活掌握平衡动作和站立时间。

本套操能增强腿部力量和支撑能力，能活动上肢和上肢关节，增强全身的平衡协调能力。

第五套　金鸡站立上肢单项平衡操

预备势：自然站立，两臂体侧下垂，挺胸收腹，两眼平视。

第一节　上举平衡

1. 左腿金鸡站立，两臂上举平衡 30 秒。
2. 右腿金鸡站立，两臂上举平衡 30 秒。

第二节　前伸平衡

1. 左腿金鸡站立，两臂前伸平衡 30 秒。
2. 右腿金鸡站立，两臂前伸平衡 30 秒。

第三节　后伸平衡

1. 左腿金鸡站立，两臂后伸平衡 30 秒。
2. 右腿金鸡站立，两臂后伸平衡 30 秒。

第四节　侧伸平衡

1. 左腿金鸡站立，两臂侧伸平衡 30 秒。
2. 右腿金鸡站立，两臂侧伸平衡 30 秒。

第五节　前伸屈肘平衡

1. 左腿金鸡站立，两臂前伸屈肘平衡 30 秒。
2. 右腿金鸡站立，两臂前伸屈肘平衡 30 秒。

第六节　侧伸屈肘平衡

1. 左腿金鸡站立，两臂侧伸屈肘平衡 30 秒。
2. 右腿金鸡站立，两臂侧伸屈肘平衡 30 秒。

第七节　前伸摸肩平衡

1.左腿金鸡站立,两臂前伸摸肩平衡30秒。
2.右腿金鸡站立,两臂前伸摸肩平衡30秒。

第八节　侧伸摸肩平衡

1.左腿金鸡站立,两臂侧伸摸肩平衡30秒。
2.右腿金鸡站立,两臂侧伸摸肩平衡30秒。

本套操能增强腿部力量和支撑能力,能活动上肢和上肢关节,增强全身的平衡协调能力。

第六套　金鸡站立上肢多项平衡操

预备势：自然站立，两臂体侧下垂，挺胸收腹，两眼平视。

第一节　左腿金鸡站立多项平衡

动作：左腿金鸡站立。

1. 两臂上举平衡 30 秒。
2. 两臂前伸平衡 30 秒。
3. 两臂后伸平衡 30 秒。
4. 两臂侧伸平衡 30 秒。
5. 两臂前伸屈肘平衡 30 秒。
6. 两臂侧伸屈肘平衡 30 秒。
7. 两臂前伸摸肩平衡 30 秒。
8. 两臂侧伸摸肩平衡 30 秒。

根据本人身体情况和需求，可以做上肢多项连续平衡，如：1 和 2，1、2 和 3，1、2、3 和 4，1、2、3、4 和 5，1、2、3、4、5 和 6，1、2、3、4、5、6 和 7，1、2、3、4、5、6、7 和 8。灵活掌握平衡动作和站立时间。

第二节　右腿金鸡站立多项平衡

动作：右腿金鸡站立。

1. 两臂上举平衡 30 秒。
2. 两臂前伸平衡 30 秒。
3. 两臂后伸平衡 30 秒。
4. 两臂侧伸平衡 30 秒。
5. 两臂前伸屈肘平衡 30 秒。
6. 两臂侧伸屈肘平衡 30 秒。
7. 两臂前伸摸肩平衡 30 秒。
8. 两臂侧伸摸肩平衡 30 秒。

根据本人身体情况和需求，可以做上肢多项连续平衡，如：1 和 2，1、2 和 3，

1、2、3和4，1、2、3、4和5，1、2、3、4、5和6，1、2、3、4、5、6和7，1、2、3、4、5、6、7和8。灵活掌握平衡动作和站立时间。

本套操能增强腿部力量和支撑能力，能活动上肢和上肢关节，增强全身的平衡协调能力。

第七套　内伸上肢单项平衡操

预备势：自然站立，两手体侧下垂，挺胸收腹，两眼平视。

第一节　上举平衡

1.左腿站立，右腿内伸，两臂上举平衡30秒。
2.右腿站立，左腿内伸，两臂上举平衡30秒。

第二节　前伸平衡

1.左腿站立，右腿内伸，两臂前伸平衡30秒。
2.右腿站立，左腿内伸，两臂前伸平衡30秒。

第三节　后伸平衡

1.左腿站立，右腿内伸，两臂后伸平衡30秒。
2.右腿站立，左腿内伸，两臂后伸平衡30秒。

第四节　侧伸平衡

1.左腿站立，右腿内伸，两臂侧伸平衡30秒。
2.右腿站立，左腿内伸，两臂侧伸平衡30秒。

第五节　前伸屈肘平衡

1.左腿站立，右腿内伸，两臂前伸屈肘平衡30秒。
2.右腿站立，左腿内伸，两臂前伸屈肘平衡30秒。

第六节　侧伸屈肘平衡

1.左腿站立，右腿内伸，两臂侧伸屈肘平衡30秒。
2.右腿站立，左腿内伸，两臂侧伸屈肘平衡30秒。

第七节　前伸摸肩平衡

1.左腿站立，右腿内伸，两臂前伸屈肘摸肩，平衡 30 秒。
2.右腿站立，左腿内伸，两臂前伸屈肘摸肩，平衡 30 秒。

第八节　侧伸摸肩平衡

1.左腿站立，右腿内伸，两臂侧伸屈肘摸肩，平衡 30 秒。
2.右腿站立，左腿内伸，两臂侧伸屈肘摸肩，平衡 30 秒。

本套操能增强腿部力量和支撑能力，能活动上肢和上肢关节，增强全身的平衡协调能力。

第八套　内伸上肢多项平衡操

预备势：自然站立，两手体侧下垂，挺胸收腹，两眼平视。

第一节　左腿站立多项平衡

动作：左腿站立，右腿内伸。

1. 两臂上举平衡 30 秒。
2. 两臂前伸平衡 30 秒。
3. 两臂后伸平衡 30 秒。
4. 两臂侧伸平衡 30 秒。
5. 两臂前伸屈肘平衡 30 秒。
6. 两臂侧伸屈肘平衡 30 秒。
7. 两臂前伸屈肘摸肩平衡 30 秒。
8. 两臂侧伸屈肘摸肩平衡 30 秒。

根据本人身体情况和需求，可以做上肢多项连续平衡，如：1 和 2，1、2 和 3，1、2、3 和 4，1、2、3、4 和 5，1、2、3、4、5 和 6，1、2、3、4、5、6 和 7，1、2、3、4、5、6、7 和 8。灵活掌握平衡动作和站立时间。

第二节　右腿站立多项平衡

动作：右腿站立，左腿内伸。

1. 两臂上举平衡 30 秒。
2. 两臂前伸平衡 30 秒。
3. 两臂后伸平衡 30 秒。
4. 两臂侧伸平衡 30 秒。
5. 两臂前伸屈肘平衡 30 秒。
6. 两臂侧伸屈肘平衡 30 秒。
7. 两臂前伸屈肘摸肩平衡 30 秒。
8. 两臂侧伸屈肘摸肩平衡 30 秒。

根据本人身体情况和需求，可以做上肢多项连续平衡，如：1 和 2，1、2 和 3，

1、2、3和4，1、2、3、4和5，1、2、3、4、5和6，1、2、3、4、5、6和7，1、2、3、4、5、6、7和8。灵活掌握平衡动作和站立时间。

本套操能增强腿部力量和支撑能力，能活动上肢和上肢关节，增强全身的平衡协调能力。

第九套　前伸上肢单项平衡操

预备势：自然站立，两手体侧下垂，挺胸收腹，两眼平视。

第一节　上举平衡

1. 左腿站立，右腿前伸，两臂上举平衡 30 秒。
2. 右腿站立，左腿前伸，两臂上举平衡 30 秒。

第二节　前伸平衡

1. 左腿站立，右腿前伸，两臂前伸平衡 30 秒。
2. 右腿站立，左腿前伸，两臂前伸平衡 30 秒。

第三节　后伸平衡

1. 左腿站立，右腿前伸，两臂后伸平衡 30 秒。
2. 右腿站立，左腿前伸，两臂后伸平衡 30 秒。

第四节　侧伸平衡

1. 左腿站立，右腿前伸，两臂侧伸平衡 30 秒。
2. 右腿站立，左腿前伸，两臂侧伸平衡 30 秒。

第五节　前伸屈肘平衡

1. 左腿站立，右腿前伸，两臂前伸屈肘平衡 30 秒。
2. 右腿站立，左腿前伸，两臂前伸屈肘平衡 30 秒。

第六节　侧伸屈肘平衡

1. 左腿站立，右腿前伸，两臂侧伸屈肘平衡 30 秒。
2. 右腿站立，左腿前伸，两臂侧伸屈肘平衡 30 秒。

第七节　前伸摸肩平衡

1.左腿站立，右腿前伸，两臂前伸屈肘摸肩平衡 30 秒。
2.右腿站立，左腿前伸，两臂前伸屈肘摸肩平衡 30 秒。

第八节　侧伸摸肩平衡

1.左腿站立，右腿前伸，两臂侧伸屈肘摸肩平衡 30 秒。
2.右腿站立，左腿前伸，两臂侧伸屈肘摸肩平衡 30 秒。

本套操能增强腿部力量与支撑能力，能活动上肢与上肢关节，有助增强全身的平衡协调能力。

第十套　前伸上肢多项平衡操

预备势：自然站立，两手体侧下垂，挺胸收腹，两眼平视。

第一节　左腿站立多项平衡

动作：左腿站立，右腿前伸。

1.两臂上举平衡30秒。

2.两臂前伸平衡30秒。

3.两臂后伸平衡30秒。

4.两臂侧伸平衡30秒。

5.两臂前伸屈肘平衡30秒。

6.两臂侧伸屈肘平衡30秒。

7.两臂前伸屈肘摸肩平衡30秒。

8.两臂侧伸屈肘摸肩平衡30秒。

根据本人身体情况和需求，可以做上肢多项连续平衡，如：1和2，1、2和3，1、2、3和4，1、2、3、4和5，1、2、3、4、5和6，1、2、3、4、5、6和7，1、2、3、4、5、6、7和8。灵活掌握平衡动作和站立时间。

第二节　右腿站立多项平衡

动作：右腿站立，左腿前伸。

1.两臂上举平衡30秒。

2.两臂前伸平衡30秒。

3.两臂后伸平衡30秒。

4.两臂侧伸平衡30秒。

5.两臂前伸屈肘平衡30秒。

6.两臂侧伸屈肘平衡30秒。

7.两臂前伸屈肘摸肩平衡30秒。

8.两臂侧伸屈肘摸肩平衡30秒。

根据本人身体情况和需求，可以做上肢多项连续平衡，如：1和2，1、2和3，

1、2、3 和 4，1、2、3、4 和 5，1、2、3、4、5 和 6，1、2、3、4、5、6 和 7，1、2、3、4、5、6、7 和 8。灵活掌握平衡动作和站立时间。

本套操能增强腿部力量和支撑能力，能活动上肢和上肢关节，增强全身的平衡协调能力。

第十一套　侧伸上肢单项平衡操

预备势：自然站立，两手体侧下垂，挺胸收腹，两眼平视。

第一节　上举平衡

1.左腿站立，右腿右侧伸，两臂上举，平衡30秒。
2.右腿站立，左腿左侧伸，两臂上举，平衡30秒。

第二节　前伸平衡

1.左腿站立，右腿右侧伸，两臂前伸，平衡30秒。
2.右腿站立，左腿左侧伸，两臂前伸，平衡30秒。

第三节　后伸平衡

1.左腿站立，右腿右侧伸，两臂后伸，平衡30秒。
2.右腿站立，左腿左侧伸，两臂后伸，平衡30秒。

第四节　侧伸平衡

1.左腿站立，右腿右侧伸，两臂侧伸，平衡30秒。
2.右腿站立，左腿左侧伸，两臂侧伸，平衡30秒。

第五节　前伸屈肘平衡

1.左腿站立，右腿右侧伸，两臂前伸屈肘，平衡30秒。
2.右腿站立，左腿左侧伸，两臂前伸屈肘，平衡30秒。

第六节　侧伸屈肘平衡

1.左腿站立，右腿右侧伸，两臂侧伸屈肘，平衡30秒。
2.右腿站立，左腿左侧伸，两臂侧伸屈肘，平衡30秒。

第七节　前伸摸肩平衡

1.左腿站立，右腿右侧伸，两臂前伸屈肘摸肩，平衡 30 秒。
2.右腿站立，左腿左侧伸，两臂前伸屈肘摸肩，平衡 30 秒。

第八节　侧伸摸肩平衡

1.左腿站立，右腿右侧伸，两臂侧伸屈肘摸肩，平衡 30 秒。
2.右腿站立，左腿左侧伸，两臂侧伸屈肘摸肩，平衡 30 秒。

本套操能增强腿部力量和支撑能力，能活动上肢和上肢关节，增强全身的平衡协调能力。

第十二套　侧伸上肢多项平衡操

预备势：自然站立，两手体侧下垂，挺胸收腹，两眼平视。

第一节　左腿站立多项平衡

动作：左腿站立，右腿右侧伸。

1.两臂上举平衡 30 秒。

2.两臂前伸平衡 30 秒。

3.两臂后伸平衡 30 秒。

4.两臂侧伸平衡 30 秒。

5.两臂前伸屈肘平衡 30 秒。

6.两臂侧伸屈肘平衡 30 秒。

7.两臂前伸屈肘摸肩平衡 30 秒。

8.两臂侧伸屈肘摸肩平衡 30 秒。

根据本人身体情况和需求，可以做上肢多项连续平衡，如：1 和 2，1、2 和 3，1、2、3 和 4，1、2、3、4 和 5，1、2、3、4、5 和 6，1、2、3、4、5、6 和 7，1、2、3、4、5、6、7 和 8。灵活掌握平衡动作和站立时间。

第二节　右腿站立多项平衡

动作：右腿站立，左腿左侧伸。

1.两臂上举平衡 30 秒。

2.两臂前伸平衡 30 秒。

3.两臂后伸平衡 30 秒。

4.两臂侧伸平衡 30 秒。

5.两臂前伸屈肘平衡 30 秒。

6.两臂侧伸屈肘平衡 30 秒。

7.两臂前伸屈肘摸肩平衡 30 秒。

8.两臂侧伸屈肘摸肩平衡 30 秒。

根据本人身体情况和需求，可以做上肢多项连续平衡，如：1 和 2，1、2 和 3，

1、2、3和4，1、2、3、4和5，1、2、3、4、5和6，1、2、3、4、5、6和7，1、2、3、4、5、6、7和8。灵活掌握平衡动作和站立时间。

本套操能增强腿部力量和支撑能力，能活动上肢和上肢关节，增强全身的平衡协调能力。

第十三套　后伸上肢单项平衡操

预备势：自然站立，两手体侧下垂，挺胸收腹，两眼平视。

第一节　上举平衡

1.左腿站立，右腿后伸，两臂上举，平衡30秒。
2.右腿站立，左腿后伸，两臂上举，平衡30秒。

第二节　前伸平衡

1.左腿站立，右腿后伸，两臂前伸，平衡30秒。
2.右腿站立，左腿后伸，两臂前伸，平衡30秒。

第三节　后伸平衡

1.左腿站立，右腿后伸，两臂后伸，平衡30秒。
2.右腿站立，左腿后伸，两臂后伸，平衡30秒。

第四节　侧伸平衡

1.左腿站立，右腿后伸，两臂侧伸，平衡30秒。
2.右腿站立，左腿后伸，两臂侧伸，平衡30秒。

第五节　前伸屈肘平衡

1.左腿站立，右腿后伸，两臂前伸屈肘，平衡30秒。
2.右腿站立，左腿后伸，两臂前伸屈肘，平衡30秒。

第六节　侧伸屈肘平衡

1.左腿站立，右腿后伸，两臂侧伸屈肘，平衡30秒。
2.右腿站立，左腿后伸，两臂侧伸屈肘，平衡30秒。

第七节　前伸摸肩平衡

1.左腿站立，右腿后伸，两臂前伸屈肘摸肩，平衡30秒。
2.右腿站立，左腿后伸，两臂前伸屈肘摸肩，平衡30秒。

第八节　侧伸摸肩平衡

1.左腿站立，右腿后伸，两臂侧伸屈肘摸肩，平衡30秒。
2.右腿站立，左腿后伸，两臂侧伸屈肘摸肩，平衡30秒。

本套操能增强腿部力量和支撑能力，能活动上肢和上肢关节，增强全身的平衡协调能力。

第十四套　后伸上肢多项平衡操

预备势：自然站立，两手体侧下垂，挺胸收腹，两眼平视。

第一节　左腿站立多项平衡

动作：左腿站立，右腿后伸。

1.两臂上举平衡 30 秒。

2.两臂前伸平衡 30 秒。

3.两臂后伸平衡 30 秒。

4.两臂侧伸平衡 30 秒。

5.两臂前伸屈肘平衡 30 秒。

6.两臂侧伸屈肘平衡 30 秒。

7.两臂前伸屈肘摸肩平衡 30 秒。

8.两臂侧伸屈肘摸肩平衡 30 秒。

根据本人身体情况和需求，可以做上肢多项连续平衡，如：1 和 2，1、2 和 3，1、2、3 和 4，1、2、3、4 和 5，1、2、3、4、5 和 6，1、2、3、4、5、6 和 7，1、2、3、4、5、6、7 和 8。灵活掌握平衡动作和站立时间。

第二节　右腿站立多项平衡

动作：右腿站立，左腿后伸。

1.两臂上举平衡 30 秒。

2.两臂前伸平衡 30 秒。

3.两臂后伸平衡 30 秒。

4.两臂侧伸平衡 30 秒。

5.两臂前伸屈肘平衡 30 秒。

6.两臂侧伸屈肘平衡 30 秒。

7.两臂前伸屈肘摸肩平衡 30 秒。

8.两臂侧伸屈肘摸肩平衡 30 秒。

根据本人身体情况和需求，可以做上肢多项连续平衡，如：1 和 2，1、2 和 3，

1、2、3和4，1、2、3、4和5，1、2、3、4、5和6，1、2、3、4、5、6和7，1、2、3、4、5、6、7和8。灵活掌握平衡动作和站立时间。

本套操能增强腿部力量和支撑能力，能活动上肢和上肢关节，增强全身的平衡协调能力。

第八章　单腿运动操

第一套　下肢单项运动操

预备势：自然站立，两臂体侧下垂，挺胸收腹，两眼平视。

第一节　抬腿运动

1.左腿站立，两手十指交叉置腹前，右腿屈膝做上下抬腿运动。
2.右腿站立，两手十指交叉置腹前，左腿屈膝做上下抬腿运动。

第二节　内踢运动

1.左腿站立，两手托臀部，右腿做内踢运动。
2.右腿站立，两手托臀部，左腿做内踢运动。

第三节　前踢运动

1.左腿站立，两手叉腰，右腿做前踢运动。
2.右腿站立，两手叉腰，左腿做前踢运动。

第四节　侧踢运动

1.左腿站立，两手侧伸，右腿做向右侧踢运动。
2.右腿站立，两手侧伸，左腿做向左侧踢运动。

第五节　后踢运动

1.左腿站立，两臂前伸，右腿做后踢运动。
2.右腿站立，两臂前伸，左腿做后踢运动。

第六节　摆腿运动

1.左腿站立，两臂自然摆动，右腿做前后摆动运动。

2.右腿站立，两臂自然摆动，左腿做前后摆动运动。

每节动作均连续作 4×8 拍。

本套操能锻炼腿部和下肢关节，能增强腿部力量和支撑能力，锻炼腰部，增强身体平衡协调能力。

第二套　下肢多项运动操

预备姿势：自然站立，两臂体侧下垂，挺胸收腹，两眼平视。

第一节　左腿站立多项运动

动作：左腿站立。连续运动 4×8 拍。
1. 两手置腹前，右腿做抬起上下运动。
2. 两手托臀部，右腿做内踢运动。
3. 两手叉腰，右腿做前踢运动。
4. 两手侧伸，右腿做右侧踢运动。
5. 两手前伸，右腿做后踢运动。
6. 两臂自然摆动，右腿做前后摆动运动。

根据本人身体情况和需求，右腿可以做多项连续运动，如：1 和 2，1、2 和 3，1、2、3 和 4，1、2、3、4 和 5，1、2、3、4、5 和 6，灵活掌握运动部位和运动次数。

第二节　右腿站立多项运动

动作：右腿站立。连续运动 4×8 拍。
1. 两手置腹前，左腿做抬起上下运动。
2. 两手托臀部，左腿做内踢运动。
3. 两手叉腰，左腿做前踢运动。
4. 两手侧伸，左腿做左侧踢运动。
5. 两手前伸，左腿做后踢运动。
6. 两臂自然摆动，左腿做前后摆动运动。

根据本人身体情况和需求，右腿可以做多项连续运动，如：1 和 2，1、2 和 3，1、2、3 和 4，1、2、3、4 和 5，1、2、3、4、5 和 6，灵活掌握运动部位和运动次数。

本套操能锻炼臀部、膝关节、踝关节，增强腿部力量，增强全身的平衡协调能力。

第三套　压脚上肢单项运动操

预备势：自然站立，两臂体侧下垂，挺胸收腹，两眼平视。

第一节　上举运动

1.左腿站立，右脚压左脚面，两臂做上举运。
2.右腿站立，左脚压右脚面，两臂做上举运动。

第二节　前伸运动

1.左腿站立，右脚压左脚面，两臂做前伸运动。
2.右腿站立，左脚压右脚面，两臂做前伸运动。

第三节　后伸运动

1.左腿站立，右脚压左脚面，两臂做后伸运动。
2.右腿站立，左脚压右脚面，两臂做后伸运动。

第四节　侧伸运动

1.左腿站立，右脚压左脚面，两臂做侧伸运动。
2.右腿站立，左脚压右脚面，两臂做侧伸运动。

第五节　前伸屈肘运动

1.左腿站立，右脚压左脚面，两臂前伸做屈肘运动。
2.右腿站立，左脚压右脚面，两臂前伸做屈肘运动。

第六节　侧伸屈肘运动

1.左腿站立，右脚压左脚面，两臂侧伸做屈肘运动。
2.右腿站立，左脚压右脚面，两臂侧伸做屈肘运动。

第七节　前伸屈肘摸肩运动

1.左腿站立，右脚压左脚面，两臂前伸屈肘做摸肩运动。
2.右腿站立，左脚压右脚面，两臂前伸屈肘做摸肩运动。

第八节　侧伸屈肘摸肩运动

1.左腿站立，右脚压左脚面，两臂侧伸屈肘做摸肩运动。
2.右腿站立，左脚压右脚面，两臂侧伸屈肘做摸肩运动。
每节操均连续运动 4×8 拍。
本套操能锻炼腿部、上肢及上肢关节，增强全身的平衡协调能力。

第四套　压脚上肢多项运动操

预备势：自然站立，两臂体侧下垂，挺胸收腹，两眼平视。

第一节　左腿站立多项运动

动作：左腿站立，右脚压左脚面。连续运动 4×8 拍。
1. 两臂做上举运动。
2. 两臂做前伸运动。
3. 两臂做后伸运动。
4. 两臂做侧伸运动。
5. 两臂前伸做屈肘运动。
6. 两臂侧伸做屈肘运动。
7. 两臂前伸屈肘做摸肩运动。
8. 两臂侧伸屈肘做摸肩运动。

根据本人身体情况和需求，上肢可以连续运动，如：1 和 2，1、2 和 3，1、2、3 和 4，1、2、3、4 和 5，1、2、3、4、5 和 6，1、2、3、4、5、6 和 7，1、2、3、4、5、6、7 和 8。灵活掌握运动部位和运动次数。

第二节　右腿站立多项运动

动作：右腿站立，左脚压右脚面。连续运动 4×8 拍。
1. 两臂做上举运动。
2. 两臂做前伸运动。
3. 两臂做后伸运动。
4. 两臂做侧伸运动。
5. 两臂前伸做屈肘运动。
6. 两臂侧伸做屈肘运动。
7. 两臂前伸屈肘做摸肩运动。
8. 两臂侧伸屈肘做摸肩运动。

根据本人身体情况和需求，上肢可以连续运动，如：1 和 2，1、2 和 3，1、2、

3和4，1、2、3、4和5，1、2、3、4、5和6，1、2、3、4、5、6和7，1、2、3、4、5、6、7和8。灵活掌握运动部位和运动次数。

本套操能锻炼腿部、上肢及上肢关节，增强全身平衡协调能力。

第五套　金鸡站立上肢单项运动操

预备势：自然站立，两臂体侧下垂，挺胸收腹，两眼平视。

第一节　上举运动

1.左腿金鸡站立，两臂上举做上下运动。
2.右腿金鸡站立，两臂上举做上下运动。

第二节　前伸运动

1.左腿金鸡站立，两臂做前伸运动。
2.右腿金鸡站立，两臂做前伸运动。

第三节　后伸运动

1.左腿金鸡站立，两臂做后伸运动。
2.右腿金鸡站立，两臂做后伸运动。

第四节　侧伸运动

1.左腿金鸡站立，两臂做侧伸运动。
2.右腿金鸡站立，两臂做侧伸运动。

第五节　前伸屈肘运动

1.左腿金鸡站立，两臂前伸做屈肘运动。
2.右腿金鸡站立，两臂前伸做屈肘运动。

第六节　侧伸屈肘运动

1.左腿金鸡站立，两臂侧伸做屈肘运动。
2.右腿金鸡站立，两臂侧伸做屈肘运动。

第七节　前伸屈肘摸肩运动

1.左腿金鸡站立,两臂前伸屈肘做摸肩运动。

2.右腿金鸡站立,两臂前伸屈肘做摸肩运动。

第八节　侧伸屈肘摸肩运动

1.左腿金鸡站立,两臂侧伸屈肘做摸肩运动。

2.右腿金鸡站立,两臂侧伸屈肘做摸肩运动。

每节操均连续运动 4×8 拍。

本套操能锻炼腿部、上肢及上肢关节,增强全身的平衡协调能力。

第六套　金鸡站立上肢多项运动操

预备势：自然站立，两臂体侧下垂，挺胸收腹，两眼平视。

第一节　左腿金鸡站立多项运动

动作：左腿金鸡站立。连续运动 4×8 拍。

1. 两臂做上举运动。
2. 两臂做前伸运动。
3. 两臂做后伸运动。
4. 两臂做侧伸运动。
5. 两臂前伸做屈肘运动。
6. 两臂侧伸做屈肘运动。
7. 两臂前伸屈肘做摸肩运动。
8. 两臂侧伸屈肘做摸肩运动。

根据本人身体情况和需求，上肢可以连续运动，如：1 和 2，1、2 和 3，1、2、3 和 4，1、2、3、4 和 5，1、2、3、4、5 和 6，1、2、3、4、5、6 和 7，1、2、3、4、5、6、7 和 8。灵活掌握运动部位和运动次数。

第二节　右腿金鸡站立多项运动

动作：右腿金鸡站立。连续运动 4×8 拍。

1. 两臂做上举运动。
2. 两臂做前伸运动。
3. 两臂做后伸运动。
4. 两臂做侧伸运动。
5. 两臂前伸做屈肘运动。
6. 两臂侧伸做屈肘运动。
7. 两臂前伸屈肘做摸肩运动。
8. 两臂侧伸屈肘做摸肩运动。

根据本人身体情况和需求，上肢可以连续运动，如：1 和 2，1、2 和 3，1、2、

3和4，1、2、3、4和5，1、2、3、4、5和6，1、2、3、4、5、6和7，1、2、3、4、5、6、7和8。灵活掌握运动部位和运动次数。

本套操能锻炼腿部、上肢及上肢关节，增强全身的平衡协调能力。

第七套　内伸上肢单项运动操

预备势：自然站立，两臂体侧下垂，挺胸收腹，两眼平视。

第一节　上举运动

1. 左腿站立，右腿内伸，两臂做上举运动。
2. 右腿站立，左腿内伸，两臂做上举运动。

第二节　前伸运动

1. 左腿站立，右腿内伸，两臂做前伸运动。
2. 右腿站立，左腿内伸，两臂做前伸运动。

第三节　后伸运动

1. 左腿站立，右腿内伸，两臂做后伸运动。
2. 右腿站立，左腿内伸，两臂做后伸运动。

第四节　侧伸运动

1. 左腿站立，右腿内伸，两臂做侧伸运动。
2. 右腿站立，左腿内伸，两臂做侧伸运动。

第五节　前伸屈肘运动

1. 左腿站立，右腿内伸，两臂前伸做屈肘运动。
2. 右腿站立，左腿内伸，两臂前伸做屈肘运动。

第六节　侧伸屈肘运动

1. 左腿站立，右腿内伸，两臂侧伸做屈肘运动。
2. 右腿站立，左腿内伸，两臂侧伸做屈肘运动。

第七节　前伸屈肘摸肩运动

1.左腿站立，右腿内伸，两臂前伸屈肘做摸肩运动。
2.右腿站立，左腿内伸，两臂前伸屈肘做摸肩运动。

第八节　侧伸屈肘摸肩运动

1.左腿站立，右腿内伸，两臂侧伸屈肘做摸肩运动。
2.右腿站立，左腿内伸，两臂侧伸屈肘做摸肩运动。
每节操均连续运动 4×8 拍。
本套操能锻炼腿部、上肢及上肢关节，增强全身的平衡协调能力。

第八套　内伸上肢多项运动操

预备势：自然站立，两臂体侧下垂，挺胸收腹，两眼平视。

第一节　右腿内伸多项运动

动作：左腿站立，右腿内伸。连续运动 4×8 拍。

1. 两臂做上举运动。
2. 两臂做前伸运动。
3. 两臂做后伸运动。
4. 两臂做侧伸运动。
5. 两臂前伸做屈肘运动。
6. 两臂侧伸做屈肘运动。
7. 两臂前伸屈肘做摸肩运动。
8. 两臂侧伸屈肘做摸肩运动。

根据本人身体情况和需求，上肢可以连续运动，如：1 和 2，1、2 和 3，1、2、3 和 4，1、2、3、4 和 5，1、2、3、4、5 和 6，1、2、3、4、5、6 和 7，1、2、3、4、5、6、7 和 8。灵活掌握运动部位和运动次数。

第二节　左腿内伸多项运动

动作：右腿站立，左腿内伸。连续运动 4×8 拍。

1. 两臂做上举运动。
2. 两臂做前伸运动。
3. 两臂做后伸运动。
4. 两臂做侧伸运动。
5. 两臂前伸做屈肘运动。
6. 两臂侧伸做屈肘运动。
7. 两臂前伸屈肘做摸肩运动。
8. 两臂侧伸屈肘做摸肩运动。

根据本人身体情况和需求，上肢可以连续运动，如：1 和 2，1、2 和 3，1、2、

3和4，1、2、3、4和5，1、2、3、4、5和6，1、2、3、4、5、6和7，1、2、3、4、5、6、7和8。灵活掌握运动部位和运动次数。

　　本套操能锻炼腿部、上肢及上肢关节，增强全身的平衡协调能力。

第九套　前伸上肢单项运动操

预备势：自然站立，两臂体侧下垂，挺胸收腹，两眼平视。

第一节　上举运动

1.左腿站立，右腿前伸，两臂做上举运动。
2.右腿站立，左腿前伸，两臂做上举运动。

第二节　前伸运动

1.左腿站立，右腿前伸，两臂做前伸运动。
2.右腿站立，左腿前伸，两臂做前伸运动。

第三节　后伸运动

1.左腿站立，右腿前伸，两臂做后伸运动。
2.右腿站立，左腿前伸，两臂做后伸运动。

第四节　侧伸运动

1.左腿站立，右腿前伸，两臂做侧伸运动。
2.右腿站立，左腿前伸，两臂做侧伸运动。

第五节　前伸屈肘运动

1.左腿站立，右腿前伸，两臂前伸做屈肘运动。
2.右腿站立，左腿前伸，两臂前伸做屈肘运动。

第六节　侧伸屈肘运动

1.左腿站立，右腿前伸，两臂侧伸做屈肘运动。
2.右腿站立，左腿前伸，两臂侧伸做屈肘运动。

第七节　前伸屈肘摸肩运动

1.左腿站立，右腿前伸，两臂前伸屈肘做摸肩运动。
2.右腿站立，左腿前伸，两臂前伸屈肘做摸肩运动。

第八节　侧伸屈肘摸肩运动

1.左腿站立，右腿前伸，两臂侧伸屈肘做摸肩运动。
2.右腿站立，左腿前伸，两臂侧伸屈肘做摸肩运动。

每节操均连续运动 4×8 拍。

本套操能锻炼腿部、上肢及上肢关节，增强全身的平衡协调能力。

第十套　前伸上肢多项运动操

预备势：自然站立，两臂体侧下垂，挺胸收腹，两眼平视。

第一节　右腿前伸多项运动

动作：左腿站立，右腿前伸。连续运动 4×8 拍。

1.两臂做上举运动。

2.两臂做前伸运动。

3.两臂做后伸运动。

4.两臂做侧伸运动。

5.两臂前伸做屈肘运动。

6.两臂侧伸做屈肘运动。

7.两臂前伸屈肘做摸肩运动。

8.两臂侧伸屈肘做摸肩运动。

根据本人身体情况和需求，上肢可以连续运动，如：1 和 2，1、2 和 3，1、2、3 和 4，1、2、3、4 和 5，1、2、3、4、5 和 6，1、2、3、4、5、6 和 7，1、2、3、4、5、6、7 和 8。灵活掌握运动部位和运动次数。

第二节　左腿前伸多项运动

动作：右腿站立，左腿前伸。连续运动 4×8 拍。

1.两臂做上举运动。

2.两臂做前伸运动。

3.两臂做后伸运动。

4.两臂做侧伸运动。

5.两臂前伸做屈肘运动。

6.两臂侧伸做屈肘运动。

7.两臂前伸屈肘做摸肩运动。

8.两臂侧伸屈肘做摸肩运动。

根据本人身体情况和需求，上肢可以连续运动，如：1 和 2，1、2 和 3，1、2、

3和4，1、2、3、4和5，1、2、3、4、5和6，1、2、3、4、5、6和7，1、2、3、4、5、6、7和8。灵活掌握运动部位和运动次数。

　　本套操能锻炼腿部、上肢及上肢关节，增强全身的平衡协调能力。

第十一套　侧伸上肢单项运动操

预备势：自然站立，两臂体侧下垂，挺胸收腹，两眼平视。

第一节　上举运动

1. 左腿站立，右腿右侧伸，两臂做上举运动。
2. 右腿站立，左腿左侧伸，两臂做上举运动。

第二节　前伸运动

1. 左腿站立，右腿右侧伸，两臂做前伸运动。
2. 右腿站立，左腿左侧伸，两臂做前伸运动。

第三节　后伸运动

1. 左腿站立，右腿右侧伸，两臂做后伸运动。
2. 右腿站立，左腿左侧伸，两臂做后伸运动。

第四节　侧伸运动

1. 左腿站立，右腿右侧伸，两臂做侧伸运动。
2. 右腿站立，左腿左侧伸，两臂做侧伸运动。

第五节　前伸屈肘运动

1. 左腿站立，右腿右侧伸，两臂前伸做屈肘运动。
2. 右腿站立，左腿左侧伸，两臂前伸做屈肘运动。

第六节　侧伸屈肘运动

1. 左腿站立，右腿右侧伸，两臂侧伸做屈肘运动。
2. 右腿站立，左腿左侧伸，两臂侧伸做屈肘运动。

第七节　前伸屈肘摸肩运动

1.左腿站立，右腿右侧伸，两臂前伸屈肘做摸肩运动。
2.右腿站立，左腿左侧伸，两臂前伸屈肘做摸肩运动。

第八节　侧伸屈肘摸肩运动

1.左腿站立，右腿右侧伸，两臂侧伸屈肘做摸肩运动。
2.右腿站立，左腿左侧伸，两臂侧伸屈肘做摸肩运动。
每节操均连续运动4×8拍。
本套操能锻炼腿部、上肢及上肢关节，增强全身的平衡协调能力。

第十二套 侧伸上肢多项运动操

预备势：自然站立，两臂体侧下垂，挺胸收腹，两眼平视。

第一节 右腿侧伸多项运动

动作：左腿站立，右腿右侧伸。连续运动 4×8 拍。
1. 两臂做上举运动。
2. 两臂做前伸运动。
3. 两臂做后伸运动。
4. 两臂做侧伸运动。
5. 两臂前伸做屈肘运动。
6. 两臂侧伸做屈肘运动。
7. 两臂前伸屈肘做摸肩运动。
8. 两臂侧伸屈肘做摸肩运动。

根据本人身体情况和需求，上肢可以连续运动，如：1 和 2，1、2 和 3，1、2、3 和 4，1、2、3、4 和 5，1、2、3、4、5 和 6，1、2、3、4、5、6 和 7，1、2、3、4、5、6、7 和 8。灵活掌握运动部位和运动次数。

第二节 左腿侧伸多项运动

动作：右腿站立，左腿左侧伸。连续运动 4×8 拍。
1. 两臂做上举运动。
2. 两臂做前伸运动。
3. 两臂做后伸运动。
4. 两臂做侧伸运动。
5. 两臂前伸做屈肘运动。
6. 两臂侧伸做屈肘运动。
7. 两臂前伸屈肘做摸肩运动。
8. 两臂侧伸屈肘做摸肩运动。

根据本人身体情况和需求，上肢可以连续运动，如：1 和 2，1、2 和 3，1、2、

3和4，1、2、3、4和5，1、2、3、4、5和6，1、2、3、4、5、6和7，1、2、3、4、5、6、7和8。灵活掌握运动部位和运动次数。

本套操能锻炼腿部、上肢及上肢关节，增强全身的平衡协调能力。

第十三套　后伸上肢单项运动操

预备势：自然站立，两臂体侧下垂，挺胸收腹，两眼平视。

第一节　上举运动

1. 左腿站立，右腿后伸，两臂做上举运动。
2. 右腿站立，左腿后伸，两臂做上举运动。

第二节　前伸运动

1. 左腿站立，右腿后伸，两臂做前伸运动。
2. 右腿站立，左腿后伸，两臂做前伸运动。

第三节　后伸运动

1. 左腿站立，右腿后伸，两臂做后伸运动。
2. 右腿站立，左腿后伸，两臂做后伸运动。

第四节　侧伸运动

1. 左腿站立，右腿后伸，两臂做侧伸运动。
2. 右腿站立，左腿后伸，两臂做侧伸运动。

第五节　前伸屈肘运动

1. 左腿站立，右腿后伸，两臂前伸做屈肘运动。
2. 右腿站立，左腿后伸，两臂前伸做屈肘运动。

第六节　侧伸屈肘运动

1. 左腿站立，右腿后伸，两臂侧伸做屈肘运动。
2. 右腿站立，左腿后伸，两臂侧伸做屈肘运动。

第七节　前伸屈肘摸肩运动

1.左腿站立，右腿后伸，两臂前伸屈肘做摸肩运动。
2.右腿站立，左腿后伸，两臂前伸屈肘做摸肩运动。

第八节　侧伸屈肘摸肩运动

1.左腿站立，右腿后伸，两臂侧伸屈肘做摸肩运动。
2.右腿站立，左腿后伸，两臂侧伸屈肘做摸肩运动。
每节操均连续运动 4×8 拍。
本套操能锻炼腿部、上肢及上肢关节，增强全身的平衡协调能力。

第十四套　后伸上肢多项运动操

预备势：自然站立，两臂体侧下垂，挺胸收腹，两眼平视。

第一节　右腿后伸多项运动

动作：左腿站立，右腿后伸。连续运动 4×8 拍。
1. 两臂做上举运动。
2. 两臂做前伸运动。
3. 两臂做后伸运动。
4. 两臂做侧伸运动。
5. 两臂前伸做屈肘运动。
6. 两臂侧伸做屈肘运动。
7. 两臂前伸屈肘做摸肩运动。
8. 两臂侧伸屈肘做摸肩运动。

根据本人身体情况和需求，上肢可以连续运动，如：1 和 2，1、2 和 3，1、2、3 和 4，1、2、3、4 和 5，1、2、3、4、5 和 6，1、2、3、4、5、6 和 7，1、2、3、4、5、6、7 和 8。灵活掌握运动部位和运动次数。

第二节　左腿后伸多项运动

动作：左腿站立，右腿后伸。连续运动 4×8 拍。
1. 两臂做上举运动。
2. 两臂做前伸运动。
3. 两臂做后伸运动。
4. 两臂做侧伸运动。
5. 两臂前伸做屈肘运动。
6. 两臂侧伸做屈肘运动。
7. 两臂前伸屈肘做摸肩运动。
8. 两臂侧伸屈肘做摸肩运动。

根据本人身体情况和需求，上肢可以连续运动，如：1 和 2，1、2 和 3，1、2、

3和4，1、2、3、4和5，1、2、3、4、5和6，1、2、3、4、5、6和7，1、2、3、4、5、6、7和8。灵活掌握运动部位和运动次数。

本套操能锻炼腿部、上肢及上肢关节，增强全身的平衡协调能力。

第九章　单腿呼吸平衡操

第一套　呼吸下肢单项平衡操

预备势：自然站立，两臂体侧下垂，挺胸收腹，两眼平视。

第一节　压脚呼吸平衡

1. 左腿站立，右脚压左脚面，两手置腹前，做深呼吸 30 次。
2. 右腿站立，左脚压右脚面，两手置腹前，做深呼吸 30 次。

第二节　金鸡站立呼吸平衡

1. 左腿站立，右脚贴左膝，两手置体侧，做深呼吸 30 次。
2. 右腿站立，左脚贴右膝，两手置体侧，做深呼吸 30 次。

第三节　内伸呼吸平衡

1. 左腿站立，右腿内伸，两手托臀部，做深呼吸 30 次。
2. 右腿站立，左腿内伸，两手托臀部，做深呼吸 30 次。

第四节　前伸呼吸平衡

1. 左腿站立，右腿前伸，两手叉腰，做深呼吸 30 次。
2. 右腿站立，左腿前伸，两手叉腰，做深呼吸 30 次。

第五节　侧伸呼吸平衡

1. 左腿站立，右腿右侧伸，两臂侧伸，做深呼吸 30 次。
2. 右腿站立，左腿左侧伸，两臂侧伸，做深呼吸 30 次。

第六节　后伸呼吸平衡

1.左腿站立，右腿后伸，两臂前伸，做深呼吸 30 次。

2.右腿站立，左腿后伸，两臂前伸，做深呼吸 30 次。

本套操能锻炼腿部、上肢和上肢关节，能增加呼吸，能增强全身平衡协调能力。

第二套　呼吸下肢多项平衡操

预备势：自然站立，两臂体侧下垂，挺胸收腹，两眼平视。

第一节　左腿站立多项平衡

动作：左腿站立。

1. 右脚压左脚面，两手置腹前，做深呼吸 30 次。
2. 右脚贴左膝，两臂置体侧，做深呼吸 30 次。
3. 右腿内伸，两手托臀，做深呼吸 30 次。
4. 右腿前伸，两手叉腰，做深呼吸 30 次。
5. 右腿右侧伸，两臂侧伸，做深呼吸 30 次。
6. 右腿后伸，两臂前伸，做深呼吸 30 次。

根据本人身体情况和需求，下肢可以连续做：1 和 2，1、2 和 3、1、2、3 和 4，1、2、3、4 和 5，1、2、3、4、5 和 6。

灵活掌握平衡动作和呼吸次数。

第二节　右腿站立多项平衡

动作：右腿站立。

1. 左脚压右脚面，两手置腹前，做深呼吸 30 次。
2. 左脚贴右膝，两臂置体侧，做深呼吸 30 次。
3. 左腿内伸，两手托臀，做深呼吸 30 次。
4. 左腿前伸，两手叉腰，做深呼吸 30 次。
5. 左腿左侧伸，两臂侧伸，做深呼吸 30 次。
6. 左腿后伸，两臂前伸，做深呼吸 30 次。

根据本人身体情况和需求，下肢可以连续做：1 和 2，1、2 和 3，1、2、3 和 4，1、2、3、4 和 5，1、2、3、4、5 和 6。

灵活掌握平衡动作和呼吸次数。

本套操能锻炼腿部、上肢和上肢关节，能增加肺活量，能增强全身平衡协调能力。

第三套　压脚呼吸单项上肢平衡操

预备势：两腿自然站立，两臂体侧下垂，挺胸收腹，两眼平视。

第一节　两臂上伸呼吸

1. 左腿站立，右脚压左脚面，两臂上伸做深呼吸 30 次。
2. 右腿站立，左脚压右脚面，两臂上伸做深呼吸 30 次。

第二节　两臂前伸呼吸

1. 左腿站立，右脚压左脚面，两臂前伸做深呼吸 30 次。
2. 右腿站立，左脚压右脚面，两臂前伸做深呼吸 30 次。

第三节　两臂后伸呼吸

1. 左腿站立，右脚压左脚面，两臂后伸做深呼吸 30 次。
2. 右腿站立，左脚压右脚面，两臂后伸做深呼吸 30 次。

第四节　两臂侧伸呼吸

1. 左腿站立，右腿右侧伸，两臂侧伸做深呼吸 30 次。
2. 右腿站立，左腿左侧伸，两臂侧伸做深呼吸 30 次。

第五节　左臂上伸右臂下伸呼吸

1. 左腿站立，右脚压左脚面，左臂上伸右臂下伸做深呼吸 30 次。
2. 右腿站立，左脚压右脚面，左臂上伸右臂下伸做深呼吸 30 次。

第六节　右臂上伸左臂下伸呼吸

1. 左腿站立，右脚压左脚面，右臂上伸左臂下伸做深呼吸 30 次。
2. 右腿站立，左脚压右脚面，右臂上伸左臂下伸做深呼吸 30 次。

第七节　左臂前伸右臂后伸呼吸

1.左腿站立，右脚压左脚面，左臂前伸右臂后伸做深呼吸 30 次。
2.右腿站立，左脚压右脚面，左臂前伸右臂后伸做深呼吸 30 次。

第八节　右臂前伸左臂后伸呼吸

1.左腿站立，右脚压左脚面，右臂前伸左臂后伸做深呼吸 30 次。
2.右腿站立，左脚压右脚面，右臂前伸左臂后伸做深呼吸 30 次。

本套操能锻炼腿部、上肢和上肢关节，能增加肺活量，能增强全身平衡协调能力。

第四套 压脚呼吸多项上肢平衡操

预备势：两腿自然站立，两臂体侧下垂，挺胸收腹，两眼平视。

第一节 左腿站立呼吸多项上肢平衡操

动作：左腿站立，右脚压左脚面。

1. 两臂上伸深呼吸 30 次。
2. 两臂前伸深呼吸 30 次。
3. 两臂后伸深呼吸 30 次。
4. 两臂侧伸深呼吸 30 次。
5. 左臂上伸右臂下伸深呼吸 30 次。
6. 右臂上伸左臂下伸深呼吸 30 次。
7. 左臂前伸右臂后伸深呼吸 30 次。
8. 右臂前伸左臂后伸深呼吸 30 次。

根据本人身体情况和需求，可以连续做：1.和2.，1、2.和3，1、2、3和4，1、2、3、4和5，1、2、3、4、5和6，1、2、3、4、5、6和7，1、2、3、4、5、6、7和8。灵活掌握平衡动作和呼吸次数。

第二节 右腿站立呼吸多项上肢平衡操

动作：右腿站立，左脚压右脚面。

1. 两臂上伸深呼吸 30 次。
2. 两臂前伸深呼吸 30 次。
3. 两臂后伸深呼吸 30 次。
4. 两臂侧伸深呼吸 30 次。
5. 左臂上伸右臂下伸深呼吸 30 次。
6. 右臂上伸左臂下伸深呼吸 30 次。
7. 左臂前伸右臂后伸深呼吸 30 次。
8. 右臂前伸左臂后伸深呼吸 30 次。

根据本人身体情况和需求，可以连续做：1和2，1、2和3，1、2、3和4，1、

2、3、4和5，1、2、3、4、5和6，1、2、3、4、5、6和7，1、2、3、4、5、6、7和8。灵活掌握平衡动作和呼吸次数。

本套操能锻炼腿部、上肢和上肢关节，能增加肺活量，能增强全身平衡协调能力。

第五套　金鸡站立呼吸单项上肢平衡操

预备势：两腿自然站立，两臂体侧下垂，挺胸收腹，两眼平视。

第一节　两臂上伸呼吸

1.左腿站立，右脚贴左膝，两臂上伸做深呼吸 30 次。
2.右腿站立，左脚贴右膝，两臂上伸做深呼吸 30 次。

第二节　两臂前伸呼吸

1.左腿站立，右脚贴左膝，两臂前伸做深呼吸 30 次。
2.右腿站立，左脚贴右膝，两臂前伸做深呼吸 30 次。

第三节　两臂后伸呼吸

1.左腿站立，右脚贴左膝，两臂后伸做深呼吸 30 次。
2.右腿站立，左脚贴右膝，两臂后伸做深呼吸 30 次。

第四节　两臂侧伸呼吸

1.左腿站立，右脚贴左膝，两臂侧伸做深呼吸 30 次。
2.右腿站立，左脚贴右膝，两臂侧伸做深呼吸 30 次。

第五节　左臂上伸右臂下伸呼吸

1.左腿站立，右脚贴左膝，左臂上伸右臂下伸做深呼吸 30 次。
2.右腿站立，左脚贴右膝，左臂上伸右臂下伸做深呼吸 30 次。

第六节　右臂上伸左臂下伸呼吸

1.左腿站立，右脚贴左膝，右臂上伸左臂下伸做深呼吸 30 次。
2.右腿站立，左脚贴右膝，右臂上伸左臂下伸做深呼吸 30 次。

第七节　左臂前伸右臂后伸呼吸

1.左腿站立，右脚贴左膝，左臂前伸右臂后伸做深呼吸30次。
2.右腿站立，左脚贴右膝，左臂前伸右臂后伸做深呼吸30次。

第八节　右臂前伸左臂后伸呼吸

1.左腿站立，右脚贴左膝，右臂前伸左臂后伸做深呼吸30次。
2.右腿站立，左脚贴右膝，右臂前伸左臂后伸做深呼吸30次。

本套操能锻炼腿部、上肢和上肢关节，能增加肺活量，能增强全身平衡协调能力。

第六套　金鸡站立呼吸多项上肢平衡操

预备势：两腿自然站立，两臂体侧下垂，挺胸收腹，两眼平视。

第一节　左腿站立呼吸多项上肢平衡操

动作：左腿站立，右脚贴左膝。

1. 两臂上伸深呼吸 30 次。
2. 两臂前伸深呼吸 30 次。
3. 两臂后伸深呼吸 30 次。
4. 两臂侧伸深呼吸 30 次。
5. 左臂上伸右臂下伸深呼吸 30 次。
6. 右臂上伸左臂下伸深呼吸 30 次。
7. 左臂前伸右臂后伸深呼吸 30 次。
8. 右臂前伸左臂后伸深呼吸 30 次。

根据本人身体情况和需求，可以连续做：1 和 2，1、2 和 3，1、2、3 和 4，1、2、3、4 和 5，1、2、3、4、5 和 6，1、2、3、4、5、6 和 7，1、2、3、4、5、6、7 和 8。灵活掌握平衡动作和呼吸次数。

第二节　右腿站立呼吸多项上肢平衡操

动作：右腿站立，左脚贴右膝。

1. 两臂上伸深呼吸 30 次。
2. 两臂前伸深呼吸 30 次。
3. 两臂后伸深呼吸 30 次。
4. 两臂侧伸深呼吸 30 次。
5. 左臂上伸右臂下伸深呼吸 30 次。
6. 右臂上伸左臂下伸深呼吸 30 次。
7. 左臂前伸右臂后伸深呼吸 30 次。
8. 右臂前伸左臂后伸深呼吸 30 次。

根据本人身体情况和需求，可以连续做：1 和 2，1、2 和 3，1、2、3 和 4，1、

2、3、4和5，1、2、3、4、5和6，1、2、3、4、5、6和7，1、2、3、4、5、6、7和8。灵活掌握平衡动作和呼吸次数。

本套操能锻炼腿部、上肢和上肢关节，能增加肺活量，能增强全身平衡协调能力。

第七套　内伸呼吸单项上肢平衡操

预备势：两腿自然站立，两臂体侧下垂，挺胸收腹，两眼平视。

第一节　两臂上伸呼吸

1.左腿站立，右脚内伸，两臂上伸深呼吸30次。
2.右腿站立，左脚内伸，两臂上伸深呼吸30次。

第二节　两臂前伸呼吸

1.左腿站立，右脚内伸，两臂前伸深呼吸30次。
2.右腿站立，左脚内伸，两臂前伸深呼吸30次。

第三节　两臂后伸呼吸

1.左腿站立，右脚内伸，两臂后伸深呼吸30次。
2.右腿站立，左脚内伸，两臂后伸深呼吸30次。

第四节　两臂侧伸呼吸

1.左腿站立，右脚内伸，两臂侧伸深呼吸30次。
2.右腿站立，左脚内伸，两臂侧伸深呼吸30次。

第五节　左臂上伸右臂下伸呼吸

1.左腿站立，右脚内伸，左臂上伸右臂下伸深呼吸30次。
2.右腿站立，左脚内伸，左臂上伸右臂下伸深呼吸30次。

第六节　右臂上伸左臂下伸呼吸

1.左腿站立，右脚内伸，右臂上伸左臂下伸深呼吸30次。
2.右腿站立，左脚内伸，右臂上伸左臂下伸深呼吸30次。

第七节　左臂前伸右臂后伸呼吸

1.左腿站立，右脚内伸，左臂前伸右臂后伸深呼吸30次。
2.右腿站立，左脚内伸，左臂前伸右臂后伸深呼吸30次。

第八节　右臂前伸左臂后伸呼吸

1.左腿站立，右脚内伸，右臂前伸左臂后伸深呼吸30次。
2.右腿站立，左脚内伸，右臂前伸左臂后伸深呼吸30次。

本套操能锻炼腿部、上肢和上肢关节，能增加肺活量，能增强全身平衡协调能力。

第八套　内伸呼吸多项上肢平衡操

预备势：两腿自然站立，两臂体侧下垂，挺胸收腹，两眼平视。

第一节　左腿站立内伸呼吸多项上肢平衡操

动作：左腿站立，右脚内伸。

1. 两臂上伸深呼吸 30 次。
2. 两臂前伸深呼吸 30 次。
3. 两臂后伸深呼吸 30 次。
4. 两臂侧伸深呼吸 30 次。
5. 左臂上伸右臂下伸深呼吸 30 次。
6. 右臂上伸左臂下伸深呼吸 30 次。
7. 左臂前伸右臂后伸深呼吸 30 次。
8. 右臂前伸左臂后伸深呼吸 30 次。

根据本人身体情况和需求，可以连续做：1 和 2，1、2 和 3，1、2、3 和 4，1、2、3、4 和 5，1、2、3、4、5 和 6，1、2、3、4、5、6 和 7，1、2、3、4、5、6、7 和 8。灵活掌握平衡动作和呼吸次数。

第二节　右腿站立内伸呼吸多项上肢平衡操

动作：右腿站立，左脚内伸。

1. 两臂上伸深呼吸 30 次。
2. 两臂前伸深呼吸 30 次。
3. 两臂后伸深呼吸 30 次。
4. 两臂侧伸深呼吸 30 次。
5. 左臂上伸右臂下伸深呼吸 30 次。
6. 右臂上伸左臂下伸深呼吸 30 次。
7. 左臂前伸右臂后伸深呼吸 30 次。
8. 右臂前伸左臂后伸深呼吸 30 次。

根据本人身体情况和需求，可以连续做：1 和 2，1、2 和 3，1、2、3 和 4，1、

2、3、4和5，1、2、3、4、5和6，1、2、3、4、5、6和7，1、2、3、4、5、6、7和8。灵活掌握平衡动作和呼吸次数。

本套操能锻炼腿部、上肢和上肢关节，能增加肺活量，能增强全身平衡协调能力。

第九套　前伸呼吸单项上肢平衡操

预备势：两腿自然站立，两臂体侧下垂，挺胸收腹，两眼平视。

第一节　两臂上伸呼吸

1.左腿站立，右脚前伸，两臂上伸深呼吸30次。
2.右腿站立，左脚前伸，两臂上伸深呼吸30次。

第二节　两臂前伸呼吸

1.左腿站立，右脚前伸，两臂前伸深呼吸30次。
2.右腿站立，左脚前伸，两臂前伸深呼吸30次。

第三节　两臂后伸呼吸

1.左腿站立，右脚前伸，两臂后伸深呼吸30次。
2.右腿站立，左脚前伸，两臂后伸深呼吸30次。

第四节　两臂侧伸呼吸

1.左腿站立，右脚前伸，两臂侧伸深呼吸30次。
2.右腿站立，左脚前伸，两臂侧伸深呼吸30次。

第五节　左臂上伸右臂下伸呼吸

1.左腿站立，右脚前伸，左臂上伸右臂下伸深呼吸30次。
2.右腿站立，左脚前伸，左臂上伸右臂下伸深呼吸30次。

第六节　右臂上伸左臂下伸呼吸

1.左腿站立，右脚前伸，右臂上伸左臂下伸深呼吸30次。
2.右腿站立，左脚前伸，右臂上伸左臂下伸深呼吸30次。

第七节　左臂前伸右臂后伸呼吸

1.左腿站立，右脚前伸，左臂前伸右臂后伸深呼吸 30 次。
2.右腿站立，左脚前伸，左臂前伸右臂后伸深呼吸 30 次。

第八节　右臂前伸左臂后伸呼吸

1.左腿站立，右脚前伸，右臂前伸左臂后伸深呼吸 30 次。
2.右腿站立，左脚前伸，右臂前伸左臂后伸深呼吸 30 次。

本套操能锻炼腿部、上肢和上肢关节，能增加肺活量，能增强全身平衡协调能力。

第十套　前伸呼吸多项上肢平衡操

预备势：两腿自然站立，两臂体侧下垂，挺胸收腹，两眼平视。

第一节　左腿站立呼吸多项上肢平衡操

动作：左腿站立，右脚前伸。

1. 两臂上伸深呼吸 30 次。
2. 两臂前伸深呼吸 30 次。
3. 两臂后伸深呼吸 30 次。
4. 两臂侧伸深呼吸 30 次。
5. 左臂上伸右臂下伸深呼吸 30 次。
6. 右臂上伸左臂下伸深呼吸 30 次。
7. 左臂前伸右臂后伸深呼吸 30 次。
8. 右臂前伸左臂后伸深呼吸 30 次。

根据本人身体情况和需求，可以连续做：1 和 2，1、2 和 3，1、2、3 和 4，1、2、3、4 和 5，1、2、3、4、5 和 6，1、2、3、4、5、6 和 7，1、2、3、4、5、6、7 和 8。灵活掌握平衡动作和呼吸次数。

第二节　右腿站立呼吸多项上肢平衡操

动作：右腿站立，左脚前伸。

1. 两臂上伸深呼吸 30 次。
2. 两臂前伸深呼吸 30 次。
3. 两臂后伸深呼吸 30 次。
4. 两臂侧伸深呼吸 30 次。
5. 左臂上伸右臂下伸深呼吸 30 次。
6. 右臂上伸左臂下伸深呼吸 30 次。
7. 左臂前伸右臂后伸深呼吸 30 次。
8. 右臂前伸左臂后伸深呼吸 30 次。

根据本人身体情况和需求，可以连续做：1 和 2，1、2 和 3，1、2、3 和 4，1、

2、3、4和5，1、2、3、4、5和6，1、2、3、4、5、6和7，1、2、3、4、5、6、7和8。灵活掌握平衡动作和呼吸次数。

本套操能锻炼腿部、上肢和上肢关节，能增加肺活量，能增强全身平衡协调能力。

第十一套　侧伸呼吸单项上肢平衡操

预备势：两腿自然站立，两臂体侧下垂，挺胸收腹，两眼平视。

第一节　两臂上伸呼吸

1.左腿站立，右腿右侧伸，两臂上伸深呼吸 30 次。
2.右腿站立，左脚左侧伸，两臂上伸深呼吸 30 次。

第二节　两臂前伸呼吸

1.左腿站立，右腿右侧伸，两臂前伸深呼吸 30 次。
2.右腿站立，左脚左侧伸，两臂前伸深呼吸 30 次。

第三节　两臂后伸呼吸

1.左腿站立，右腿右侧伸，两臂后伸深呼吸 30 次。
2.右腿站立，左脚左侧伸，两臂后伸深呼吸 30 次。

第四节　两臂侧伸呼吸

1.左腿站立，右腿右侧伸，两臂侧伸深呼吸 30 次。
2.右腿站立，左脚左侧伸，两臂侧伸深呼吸 30 次。

第五节　左臂上伸右臂下伸呼吸

1.左腿站立，右腿右侧伸，左臂上伸右臂下伸深呼吸 30 次。
2.右腿站立，左脚左侧伸，左臂上伸右臂下伸深呼吸 30 次。

第六节　右臂上伸左臂下伸呼吸

1.左腿站立，右腿右侧伸，右臂上伸左臂下伸深呼吸 30 次。
2.右腿站立，左脚左侧伸，右臂上伸左臂下伸深呼吸 30 次。

第七节　左臂前伸右臂后伸呼吸

1.左腿站立，右腿右侧伸，左臂前伸右臂后伸深呼吸 30 次。
2.右腿站立，左脚左侧伸，左臂前伸右臂后伸深呼吸 30 次。

第八节　右臂前伸左臂后伸呼吸

1.左腿站立，右腿右侧伸，右臂前伸左臂后伸深呼吸 30 次。
2.右腿站立，左脚左侧伸，右臂前伸左臂后伸深呼吸 30 次。

本套操能锻炼腿部、上肢和上肢关节，能增加肺活量，能增强全身平衡协调能力。

第十二套　侧伸呼吸多项上肢平衡操

预备势：两腿自然站立，两臂体侧下垂，挺胸收腹，两眼平视。

第一节　左腿站立呼吸多项上肢平衡操

动作：左腿站立，右腿右侧伸。

1.两臂上伸深呼吸 30 次。

2.两臂前伸深呼吸 30 次。

3.两臂后伸深呼吸 30 次。

4.两臂侧伸深呼吸 30 次。

5.左臂上伸右臂下伸深呼吸 30 次。

6.右臂上伸左臂下伸深呼吸 30 次。

7.左臂前伸右臂后伸深呼吸 30 次。

8.右臂前伸左臂后伸深呼吸 30 次。

根据本人身体情况和需求，可以连续做：1 和 2，1、2 和 3，1、2、3 和 4，1、2、3、4 和 5，1、2、3、4、5 和 6，1、2、3、4、5、6 和 7，1、2、3、4、5、6、7 和 8。灵活掌握平衡动作和呼吸次数。

第二节　右腿站立呼吸多项上肢平衡操

动作：右腿站立，左腿左侧伸。

1.两臂上伸深呼吸 30 次。

2.两臂前伸深呼吸 30 次。

3.两臂后伸深呼吸 30 次。

4.两臂侧伸深呼吸 30 次。

5.左臂上伸右臂下伸深呼吸 30 次。

6.右臂上伸左臂下伸深呼吸 30 次。

7.左臂前伸右臂后伸深呼吸 30 次。

8.右臂前伸左臂后伸深呼吸 30 次。

根据本人身体情况和需求，可以连续做：1 和 2，1、2 和 3，1、2、3 和 4，1、

2、3、4和5，1、2、3、4、5和6，1、2、3、4、5、6和7，1、2、3、4、5、6、7和8。灵活掌握平衡动作和呼吸次数。

　　本套操能锻炼腿部、上肢和上肢关节，能增加肺活量，能增强全身平衡协调能力。

第十三套　后伸呼吸单项上肢平衡操

预备势：两腿自然站立，两臂体侧下垂，挺胸收腹，两眼平视。

第一节　两臂上伸呼吸

1.左腿站立，右腿后伸，两臂上伸深呼吸 30 次。
2.右腿站立，左腿后伸，两臂上伸深呼吸 30 次。

第二节　两臂前伸呼吸

1.左腿站立，右腿后伸，两臂前伸深呼吸 30 次。
2.右腿站立，左腿后伸，两臂前伸深呼吸 30 次。

第三节　两臂后伸呼吸

1.左腿站立，右腿后伸，两臂后伸深呼吸 30 次。
2.右腿站立，左腿后伸，两臂后伸深呼吸 30 次。

第四节　两臂侧伸呼吸

1.左腿站立，右腿后伸，两臂侧伸深呼吸 30 次。
2.右腿站立，左腿后伸，两臂侧伸深呼吸 30 次。

第五节　左臂上伸右臂下伸呼吸

1.左腿站立，右腿后伸，左臂上伸右臂下伸深呼吸 30 次。
2.右腿站立，左腿后伸，左臂上伸右臂下伸深呼吸 30 次。

第六节　右臂上伸左臂下伸呼吸

1.左腿站立，右腿后伸，右臂上伸左臂下伸深呼吸 30 次。
2.右腿站立，左腿后伸，右臂上伸左臂下伸深呼吸 30 次。

第七节　左臂前伸右臂后伸呼吸

1.左腿站立，右腿后伸，左臂前伸右臂后伸深呼吸 30 次。
2.右腿站立，左腿后伸，左臂前伸右臂后伸深呼吸 30 次。

第八节　右臂前伸左臂后伸呼吸

1.左腿站立，右腿后伸，右臂前伸左臂后伸深呼吸 30 次。
2.右腿站立，左腿后伸，右臂前伸左臂后伸深呼吸 30 次。

本套操能锻炼腿部、上肢和上肢关节，能增加肺活量，能增强全身平衡协调能力。

第十四套　后伸呼吸多项上肢平衡操

预备势：两腿自然站立，两臂体侧下垂，挺胸收腹，两眼平视。

第一节　左腿站立呼吸多项上肢平衡操

动作：左腿站立，右腿后伸。

1.两臂上伸深呼吸30次。

2.两臂前伸深呼吸30次。

3.两臂后伸深呼吸30次。

4.两臂侧伸深呼吸30次。

5.左臂上伸右臂下伸深呼吸30次。

6.右臂上伸左臂下伸深呼吸30次。

7.左臂前伸右臂后伸深呼吸30次。

8.右臂前伸左臂后伸深呼吸30次。

根据本人身体情况和需求，可以连续做：1和2，1、2和3，1、2、3和4，1、2、3、4和5，1、2、3、4、5和6，1、2、3、4、5、6和7，1、2、3、4、5、6、7和8。灵活掌握平衡动作和呼吸次数。

第二节　右腿站立呼吸多项上肢平衡操

动作：右腿站立，左腿后伸。

1.两臂上伸深呼吸30次。

2.两臂前伸深呼吸30次。

3.两臂后伸深呼吸30次。

4.两臂侧伸深呼吸30次。

5.左臂上伸右臂下伸深呼吸30次。

6.右臂上伸左臂下伸深呼吸30次。

7.左臂前伸右臂后伸深呼吸30次。

8.右臂前伸左臂后伸深呼吸30次。

根据本人身体情况和需求，可以连续做：1和2，1、2和3，1、2、3和4，1、

2、3、4和5,1、2、3、4、5和6,1、2、3、4、5、6和7,1、2、3、4、5、6、7和8。灵活掌握平衡动作和呼吸次数。

本套操能锻炼腿部、上肢和上肢关节,能增加肺活量,能增强全身平衡协调能力。

第十章　单腿呼吸运动操

第一套　单腿呼吸单项下肢运动操

预备势：两腿自然站立，两臂体侧下垂，挺胸收腹，两眼平视。

第一节　呼吸抬腿运动

1.左腿站立，两手置腹前，做深呼吸，右腿做上下运动。
2.右腿站立，两手置腹前，做深呼吸，左腿做上下运动。
连续运动 4×8 拍。

第二节　呼吸内踢运动

1.左腿站立，两手托臀部，做深呼吸，右腿做内踢运动。
2.右腿站立，两手托臀部，做深呼吸，左腿做内踢运动。
连续运动 4×8 拍。

第三节　呼吸前踢运动

1.左腿站立，两手叉腰，做深呼吸，右腿做前踢运动。
2.右腿站立，两手叉腰，做深呼吸，左腿做前踢运动。
连续运动 4×8 拍。

第四节　呼吸侧踢运动

1.左腿站立，两手侧伸，做深呼吸，右腿做右侧踢运动。
2.右腿站立，两手侧伸，做深呼吸，左腿做左侧踢运动。
连续运动 4×8 拍。

第五节　呼吸后伸运动

1.左腿站立，两臂前伸，做深呼吸，右腿做后伸运动。
2.右腿站立，两臂前伸，做深呼吸，左腿做后伸运动。
连续运动 4×8 拍。

第六节　呼吸摆腿运动

1.左腿站立，两臂自然摆动，做深呼吸，右腿做前后摆动。
2.右腿站立，两手自然摆动，做深呼吸，左腿做前后摆动。
连续运动 4×8 拍。
本套操能锻炼腿部、上肢和上肢关节，能增加肺活量，能增强全身平衡协调能力。

第二套 单腿呼吸多项下肢运动操

预备势：两腿自然站立，两臂体侧下垂，挺胸收腹，两眼平视。

第一节 左腿站立呼吸下肢运动

动作：左腿站立，做深呼吸。连续运动 4×8 拍。

1. 两手置腹前，右腿做上下运动。
2. 两手托臀部，右腿做内踢运动。
3. 两手叉腰，右腿做前踢运动。
4. 两手侧伸，右腿做右侧踢运动。
5. 两臂前伸，右腿做后伸运动。
6. 两臂自然摆动，右腿做前后摆动运动。

根据本人身体情况和需求，可以连续做：1 和 2，1、2 和 3，1、2、3 和 4，1、2、3、4 和 5，1、2、3、4、5 和 6。灵活掌握平衡动作和呼吸次数。

第二节 右腿站立呼吸下肢运动

动作：右腿站立，做深呼吸。连续运动 4×8 拍。

1. 左腿做上下运动，两手置腹前。
2. 两手托臀部，左腿做内踢运动。
3. 两手叉腰，左腿做前踢运动。
4. 两手侧伸，左腿做左侧踢运动。
5. 两臂前伸，左腿做后伸运动。
6. 两臂自然摆动，左腿做前后摆动运动。

根据本人身体情况和需求，可以连续做：1 和 2，1、2 和 3，1、2、3 和 4，1、2、3、4 和 5，1、2、3、4、5 和 6。灵活掌握平衡动作和呼吸次数。

本套操能锻炼腿部、上肢和上肢关节，能增加肺活量，能增强全身平衡协调能力。

第三套　压脚呼吸单项上肢运动操

预备势：两腿自然站立，两臂体侧下垂，挺胸收腹，两眼平视。

第一节　两臂上伸呼吸运动

1.左腿站立，右脚压左脚面，两臂做上伸深呼吸运动。
2.右腿站立，左脚压右脚面，两臂做上伸深呼吸运动。
连续运动 4×8 拍。

第二节　两臂前伸呼吸运动

1.左腿站立，右脚压左脚面，两臂做前伸深呼吸运动。
2.右腿站立，左脚压右脚面，两臂做前伸深呼吸运动。
连续运动 4×8 拍。

第三节　两臂后伸呼吸运动

1.左腿站立，右脚压左脚面，两臂做后伸深呼吸运动。
2.右腿站立，左脚压右脚面，两臂做后伸深呼吸运动。
连续运动 4×8 拍。

第四节　两臂侧伸呼吸运动

1.左腿站立，右脚压左脚面，两臂做侧伸深呼吸运动。
2.右腿站立，左脚压右脚面，两臂做侧伸深呼吸运动。
连续运动 4×8 拍。

第五节　左臂上伸右臂下伸呼吸运动

1.左腿站立，右脚压左脚面，做左臂上伸右臂下伸深呼吸运动。
2.右腿站立，左脚压右脚面，做左臂上伸右臂下伸深呼吸运动。
连续运动 4×8 拍。

第六节　右臂上伸左臂下伸呼吸运动

1.左腿站立，右脚压左脚面，做右臂上伸左臂下伸深呼吸运动。
2.右腿站立，左脚压右脚面，做右臂上伸左臂下伸深呼吸运动。
连续运动 4×8 拍。

第七节　左臂前伸右臂后伸呼吸运动

1.左腿站立，右脚压左脚面，做左臂前伸右臂后伸深呼吸运动。
2.右腿站立，左脚压右脚面，做左臂前伸右臂后伸深呼吸运动。
连续运动 4×8 拍。

第八节　右臂前伸左臂后伸呼吸运动

1.左腿站立，右脚压左脚面，做右臂前伸左臂后伸深呼吸运动。
2.右腿站立，左脚压右脚面，做右臂前伸左臂后伸深呼吸运动。
连续运动 4×8 拍。

本套操能锻炼腿部、上肢和上肢关节，能增加肺活量，能增强全身平衡协调能力。

第四套　压脚呼吸多项上肢运动操

预备势：两腿自然站立，两臂体侧下垂，挺胸收腹，两眼平视。

第一节　左腿站立呼吸上肢运动

动作：左腿站立，右脚压左脚面。
1.两臂做上伸呼吸运动。
2.两臂做前伸呼吸运动。
3.两臂做后伸呼吸运动。
4.两臂做侧伸呼吸运动。
5.左臂上伸右臂下伸呼吸运动。
6.右臂上伸左臂下伸呼吸运动。
7.左臂前伸右臂后伸呼吸运动。
8.右臂前伸左臂后伸呼吸运动。
连续运动 4×8 拍。

根据本人身体情况和需求，可以连续做：1 和 2，1、2 和 3，1、2、3 和 4，1、2、3、4 和 5，1、2、3、4、5 和 6，1、2、3、4、5、6 和 7，1、2、3、4、5、6、7 和 8。灵活掌握运动部位和运动次数。

第二节　右腿站立呼吸上肢运动

动作：右腿站立，左脚压右脚面。
1.两臂做上伸呼吸运动。
2.两臂做前伸呼吸运动。
3.两臂做后伸呼吸运动。
4.两臂做侧伸呼吸运动。
5.左臂上伸右臂下伸呼吸运动。
6.右臂上伸左臂下伸呼吸运动。
7.左臂前伸右臂后伸呼吸运动。
8.右臂前伸左臂后伸呼吸运动。

连续运动 4×8 拍。

根据本人身体情况和需求，可以连续做：1 和 2，1、2 和 3，1、2、3 和 4，1、2、3、4 和 5，1、2、3、4、5 和 6，1、2、3、4、5、6 和 7，1、2、3、4、5、6、7 和 8。灵活掌握运动部位和运动次数。

本套操能锻炼腿部、上肢和上肢关节，能有效活动下肢及下肢关节，能增加肺活量，能增强全身平衡协调能力。

第五套　金鸡站立呼吸单项上肢运动操

预备势：两腿自然站立，两臂体侧下垂，挺胸收腹，两眼平视。

第一节　两臂上伸呼吸

1.左腿站立，右脚贴左膝，两臂做上伸深呼吸运动。
2.右腿站立，左脚贴右膝，两臂做上伸深呼吸运动。
连续运动 4×8 拍。

第二节　两臂前伸呼吸

1.左腿站立，右脚贴左膝，两臂做前伸深呼吸运动。
2.右腿站立，左脚贴右膝，两臂做前伸深呼吸运动。
连续运动 4×8 拍。

第三节　两臂后伸呼吸

1.左腿站立，右脚贴左膝，两臂做后伸深呼吸运动。
2.右腿站立，左脚贴右膝，两臂做后伸深呼吸运动。
连续运动 4×8 拍。

第四节　两臂侧伸呼吸

1.左腿站立，右脚贴左膝，两臂做侧伸深呼吸运动。
2.右腿站立，左脚贴右膝，两臂做侧伸深呼吸运动。
连续运动 4×8 拍。

第五节　左臂上伸右臂下伸呼吸

1.左腿站立，右脚贴左膝，左臂上伸右臂下伸做深呼吸运动。
2.右腿站立，左脚贴右膝，左臂上伸右臂下伸做深呼吸运动。
连续运动 4×8 拍。

第六节　右臂上伸左臂下伸呼吸

1.左腿站立，右脚贴左膝，右臂上伸左臂下伸做深呼吸运动。
2.右腿站立，左脚贴右膝，右臂上伸左臂下伸做深呼吸运动。
连续运动4×8拍。

第七节　左臂前伸右臂后伸呼吸

1.左腿站立，右脚贴左膝，左臂前伸右臂后伸做深呼吸运动。
2.右腿站立，左脚贴右膝，左臂前伸右臂后伸做深呼吸运动。
连续运动4×8拍。

第八节　右臂前伸左臂后伸呼吸

1.左腿站立，右脚贴左膝，右臂前伸左臂后伸做深呼吸运动。
2.右腿站立，左脚贴右膝，右臂前伸左臂后伸做深呼吸运动。
连续运动4×8拍。

本套操能锻炼腿部、上肢和上肢关节，能增加肺活量，能增强全身平衡协调能力。

第六套　金鸡站立呼吸多项上肢运动操

预备势：两腿自然站立，两臂体侧下垂，挺胸收腹，两眼平视。

第一节　左腿站立呼吸多项上肢运动

动作：左腿站立，右脚贴左膝。连续运动4×8拍。

1.两臂做上伸深呼吸运动。

2.两臂做前伸深呼吸运动。

3.两臂做后伸深呼吸运动。

4.两臂做侧伸深呼吸运动。

5.左臂上伸右臂下伸做深呼吸运动。

6.右臂上伸左臂下伸做深呼吸运动。

7.左臂前伸右臂后伸做深呼吸运动。

8.右臂前伸左臂后伸做深呼吸运动。

根据本人身体情况和需求，上肢可以连续做：1和2，1、2和3，1、2、3和4，1、2、3、4和5，1、2、3、4、5和6，1、2、3、4、5、6和7，1、2、3、4、5、6、7和8。灵活掌握运动部位和运动次数。

第二节　右腿站立呼吸多项上肢运动

动作：右腿站立，左脚贴右膝。连续运动4×8拍。

1.两臂做上伸深呼吸运动。

2.两臂做前伸深呼吸运动。

3.两臂做后伸深呼吸运动。

4.两臂做侧伸深呼吸运动。

5.左臂上伸右臂下伸做深呼吸运动。

6.右臂上伸左臂下伸做深呼吸运动。

7.左臂前伸右臂后伸做深呼吸运动。

8.右臂前伸左臂后伸做深呼吸运动。

根据本人身体情况和需求，上肢可以连续做：1和2，1、2和3，1、2、3和

4，1、2、3、4和5，1、2、3、4、5和6，1、2、3、4、5、6和7，1、2、3、4、5、6、7和8。灵活掌握运动部位和运动次数。

本套操能锻炼腿部、上肢和上肢关节，能增加肺活量，能增强全身平衡协调能力。

第七套　内伸呼吸单项上肢运动操

预备势：两腿自然站立，两臂体侧下垂，挺胸收腹，两眼平视。

第一节　两臂上伸呼吸

1.左腿站立，右腿内侧伸，两臂做上伸深呼吸运动。
2.右腿站立，左腿内侧伸，两臂做上伸深呼吸运动。
连续运动 4×8 拍。

第二节　两臂前伸呼吸

1.左腿站立，右腿内侧伸，两臂做前伸深呼吸运动。
2.右腿站立，左腿内侧伸，两臂做前伸深呼吸运动。
连续运动 4×8 拍。

第三节　两臂后伸呼吸

1.左腿站立，右腿内侧伸，两臂做后伸深呼吸运动。
2.右腿站立，左腿内侧伸，两臂做后伸深呼吸运动。
连续运动 4×8 拍。

第四节　两臂侧伸呼吸

1.左腿站立，右腿内侧伸，两臂做侧伸深呼吸运动。
2.右腿站立，左腿内侧伸，两臂做侧伸深呼吸运动。
连续运动 4×8 拍。

第五节　左臂上伸右臂下伸呼吸

1.左腿站立，右腿内侧伸，左臂上伸右臂下伸做深呼吸运动。
2.右腿站立，左腿内侧伸，左臂上伸右臂下伸做深呼吸运动。
连续运动 4×8 拍。

第六节　右臂上伸左臂下伸呼吸

1.左腿站立，右腿内侧伸，右臂上伸左臂下伸做深呼吸运动。
2.右腿站立，左腿内侧伸，右臂上伸左臂下伸做深呼吸运动。
连续运动 4×8 拍。

第七节　左臂前伸右臂后伸呼吸

1.左腿站立，右腿内侧伸，左臂前伸右臂后伸做深呼吸运动。
2.右腿站立，左腿内侧伸，左臂前伸右臂后伸做深呼吸运动。
连续运动 4×8 拍。

第八节　右臂前伸左臂后伸呼吸

1.左腿站立，右腿内侧伸，右臂前伸左臂后伸做深呼吸运动。
2.右腿站立，左腿内侧伸，右臂前伸左臂后伸做深呼吸运动。
连续运动 4×8 拍。

本套操能锻炼腿部、上肢和上肢关节，能增加肺活量，能增强全身平衡协调能力。

第八套　内伸呼吸多项上肢运动操

预备势：两腿自然站立，两臂体侧下垂，挺胸收腹，两眼平视。

第一节　左腿站立呼吸多项上肢运动

动作：左腿站立，右腿内侧伸。
1.两臂做上伸深呼吸运动。
2.两臂做前伸深呼吸运动。
3.两臂做后伸深呼吸运动。
4.两臂做侧伸深呼吸运动。
5.左臂上伸右臂下伸做深呼吸运动。
6.右臂上伸左臂下伸做深呼吸运动。
7.左臂前伸右臂后伸做深呼吸运动。
8.右臂前伸左臂后伸做深呼吸运动。
连续运动 4×8 拍。

根据本人身体情况和需求，上肢可以连续做：1 和 2，1、2 和 3，1、2、3 和 4，1、2、3、4 和 5，1、2、3、4、5 和 6，1、2、3、4、5、6 和 7，1、2、3、4、5、6、7 和 8。灵活掌握运动部位和运动次数。

第二节　右腿站立呼吸多项上肢运动

动作：右腿站立，左腿内侧伸。
1.两臂做上伸深呼吸运动。
2.两臂做前伸深呼吸运动。
3.两臂做后伸深呼吸运动。
4.两臂做侧伸深呼吸运动。
5.左臂上伸右臂下伸做深呼吸运动。
6.右臂上伸左臂下伸做深呼吸运动。
7.左臂前伸右臂后伸做深呼吸运动。
8.右臂前伸左臂后伸做深呼吸运动。

连续运动 4×8 拍。

根据本人身体情况和需求，上肢可以连续做：1 和 2，1、2 和 3，1、2、3 和 4，1、2、3、4 和 5，1、2、3、4、5 和 6，1、2、3、4、5、6 和 7，1、2、3、4、5、6、7 和 8。灵活掌握运动部位和运动次数。

本套操能锻炼腿部、上肢和上肢关节，能增加肺活量，能增强全身平衡协调能力。

第九套　前伸呼吸单项上肢运动操

预备势：两腿自然站立，两臂体侧下垂，挺胸收腹，两眼平视。

第一节　两臂上伸呼吸

1.左腿站立，右腿前伸，两臂做上伸深呼吸运动。
2.右腿站立，左腿前伸，两臂做上伸深呼吸运动。
连续运动 4×8 拍。

第二节　两臂前伸呼吸

1.左腿站立，右腿前伸，两臂做前伸深呼吸运动。
2.右腿站立，左腿前伸，两臂做前伸深呼吸运动。
连续运动 4×8 拍。

第三节　两臂后伸呼吸

1.左腿站立，右腿前伸，两臂做后伸深呼吸运动。
2.右腿站立，左腿前伸，两臂做后伸深呼吸运动。
连续运动 4×8 拍。

第四节　两臂侧伸呼吸

1.左腿站立，右腿前伸，两臂做侧伸深呼吸运动。
2.右腿站立，左腿前伸，两臂做侧伸深呼吸运动。
连续运动 4×8 拍。

第五节　左臂上伸右臂下伸呼吸

1.左腿站立，右腿前伸，左臂上伸右臂下伸做深呼吸运动。
2.右腿站立，左腿前伸，左臂上伸右臂下伸做深呼吸运动。
连续运动 4×8 拍。

第六节　右臂上伸左臂下伸呼吸

1.左腿站立，右腿前伸，右臂上伸左臂下伸做深呼吸运动。
2.右腿站立，左腿前伸，右臂上伸左臂下伸做深呼吸运动。
连续运动 4×8 拍。

第七节　左臂前伸右臂后伸呼吸

1.左腿站立，右腿前伸，左臂前伸右臂后伸做深呼吸运动。
2.右腿站立，左腿前伸，左臂前伸右臂后伸做深呼吸运动。
连续运动 4×8 拍。

第八节　右臂前伸左臂后伸呼吸

1.左腿站立，右腿前伸，右臂前伸左臂后伸做深呼吸运动。
2.右腿站立，左腿前伸，右臂前伸左臂后伸做深呼吸运动。
连续运动 4×8 拍。

本套操能锻炼腿部、上肢和上肢关节，能增加肺活量，能增强全身平衡协调能力。

第十套　前伸呼吸多项上肢运动操

预备势：两腿自然站立，两臂体侧下垂，挺胸收腹，两眼平视。

第一节　左腿站立呼吸多项上肢运动

动作：左腿站立，右腿前伸。连续运动 4×8 拍。
1. 两臂做上伸深呼吸运动。
2. 两臂做前伸深呼吸运动。
3. 两臂做后伸深呼吸运动。
4. 两臂做侧伸深呼吸运动。
5. 左臂上伸右臂下伸做深呼吸运动。
6. 右臂上伸左臂下伸做深呼吸运动。
7. 左臂前伸右臂后伸做深呼吸运动。
8. 右臂前伸左臂后伸做深呼吸运动。

根据本人身体情况和需求，上肢可以连续做：1 和 2，1、2 和 3，1、2、3 和 4，1、2、3、4 和 5，1、2、3、4、5 和 6，1、2、3、4、5、6 和 7，1、2、3、4、5、6、7 和 8。灵活掌握运动部位和运动次数。

第二节　右腿站立呼吸多项上肢运动

动作：右腿站立，左腿前伸。连续运动 4×8 拍。
1. 两臂做上伸深呼吸运动。
2. 两臂做前伸深呼吸运动。
3. 两臂做后伸深呼吸运动。
4. 两臂做侧伸深呼吸运动。
5. 左臂上伸右臂下伸做深呼吸运动。
6. 右臂上伸左臂下伸做深呼吸运动。
7. 左臂前伸右臂后伸做深呼吸运动。
8. 右臂前伸左臂后伸做深呼吸运动。

根据本人身体情况和需求，上肢可以连续做：1 和 2，1、2 和 3，1、2、3 和

4，1、2、3、4和5，1、2、3、4、5和6，1、2、3、4、5、6和7，1、2、3、4、5、6、7和8。灵活掌握运动部位和运动次数。

本套操能锻炼腿部、上肢和上肢关节，能增加肺活量，能增强全身平衡协调能力。

第十一套　侧伸呼吸单项上肢运动操

预备势：两腿自然站立，两臂体侧下垂，挺胸收腹，两眼平视。

第一节　两臂上伸呼吸

1.左腿站立，右腿右侧伸，两臂做上伸深呼吸运动。
2.右腿站立，左腿左侧伸，两臂做上伸深呼吸运动。
连续运动 4×8 拍。

第二节　两臂前伸呼吸

1.左腿站立，右腿右侧伸，两臂做前伸深呼吸运动。
2.右腿站立，左腿左侧伸，两臂做前伸深呼吸运动。
连续运动 4×8 拍。

第三节　两臂后伸呼吸

1.左腿站立，右腿右侧伸，两臂做后伸深呼吸运动。
2.右腿站立，左腿左侧伸，两臂做后伸深呼吸运动。
连续运动 4×8 拍。

第四节　两臂侧伸呼吸

1.左腿站立，右腿右侧伸，两臂做侧伸深呼吸运动。
2.右腿站立，左腿左侧伸，两臂做侧伸深呼吸运动。
连续运动 4×8 拍。

第五节　左臂上伸右臂下伸呼吸

1.左腿站立，右腿右侧伸，左臂上伸右臂下伸做深呼吸运动。
2.右腿站立，左腿左侧伸，左臂上伸右臂下伸做深呼吸运动。
连续运动 4×8 拍。

第六节　右臂上伸左臂下伸呼吸

1.左腿站立，右腿右侧伸，右臂上伸左臂下伸做深呼吸运动。
2.右腿站立，左腿左侧伸，右臂上伸左臂下伸做深呼吸运动。
连续运动 4×8 拍。

第七节　左臂前伸右臂后伸呼吸

1.左腿站立，右腿右侧伸，左臂前伸右臂后伸做深呼吸运动。
2.右腿站立，左腿左侧伸，左臂前伸右臂后伸做深呼吸运动。
连续运动 4×8 拍。

第八节　右臂前伸左臂后伸呼吸

1.左腿站立，右腿右侧伸，右臂前伸左臂后伸做深呼吸运动。
2.右腿站立，左腿左侧伸，右臂前伸左臂后伸做深呼吸运动。
连续运动 4×8 拍。

本套操能锻炼腿部，能活动上肢和上肢关节，能增加肺活量，能增强全身平衡协调能力。

第十二套　侧伸呼吸多项上肢运动操

预备势：两腿自然站立，两臂体侧下垂，挺胸收腹，两眼平视。

第一节　左腿站立呼吸多项上肢运动

动作：左腿站立，右腿右侧伸。
1. 两臂做上伸深呼吸运动。
2. 两臂做前伸深呼吸运动。
3. 两臂做后伸深呼吸运动。
4. 两臂做侧伸深呼吸运动。
5. 左臂上伸右臂下伸做深呼吸运动。
6. 右臂上伸左臂下伸做深呼吸运动。
7. 左臂前伸右臂后伸做深呼吸运动。
8. 右臂前伸左臂后伸做深呼吸运动。

连续运动 4×8 拍。

根据本人身体情况和需求，上肢可以连续做：1 和 2，1、2 和 3，1、2、3 和 4，1、2、3、4 和 5，1、2、3、4、5 和 6，1、2、3、4、5、6 和 7，1、2、3、4、5、6、7 和 8。灵活掌握运动部位和运动次数。

第二节　右腿站立呼吸多项上肢运动

动作：右腿站立，左腿左侧伸。
1. 两臂做上伸深呼吸运动。
2. 两臂做前伸深呼吸运动。
3. 两臂做后伸深呼吸运动。
4. 两臂做侧伸深呼吸运动。
5. 左臂上伸右臂下伸做深呼吸运动。
6. 右臂上伸左臂下伸做深呼吸运动。
7. 左臂前伸右臂后伸做深呼吸运动。
8. 右臂前伸左臂后伸做深呼吸运动。

连续运动 4×8 拍。

根据本人身体情况和需求，上肢可以连续做：1 和 2，1、2 和 3，1、2、3 和 4，1、2、3、4 和 5，1、2、3、4、5 和 6，1、2、3、4、5、6 和 7，1、2、3、4、5、6、7 和 8。灵活掌握运动部位和运动次数。

本套操能锻炼腿部和支撑力，能活动上肢和上肢关节，能锻炼肺活量和增加全身呼吸功能，能增强全身平衡协调能力。

第十三套　后伸呼吸单项上肢运动操

预备势：两腿自然站立，两臂体侧下垂，挺胸收腹，两眼平视。

第一节　两臂上伸呼吸

1.左腿站立，右腿后伸，两臂做上伸深呼吸运动。
2.右腿站立，左腿后伸，两臂做上伸深呼吸运动。
连续运动 4×8 拍。

第二节　两臂前伸呼吸

1.左腿站立，右腿后伸，两臂做前伸深呼吸运动。
2.右腿站立，左腿后伸，两臂做前伸深呼吸运动。
连续运动 4×8 拍。

第三节　两臂后伸呼吸

1.左腿站立，右腿后伸，两臂做后伸深呼吸运动。
2.右腿站立，左腿后伸，两臂做后伸深呼吸运动。
连续运动 4×8 拍。

第四节　两臂侧伸呼吸

1.左腿站立，右腿后伸，两臂做侧伸深呼吸运动。
2.右腿站立，左腿后伸，两臂做侧伸深呼吸运动。
连续运动 4×8 拍。

第五节　左臂上伸右臂下伸呼吸

1.左腿站立，右腿后伸，左臂上伸右臂下伸做深呼吸运动。
2.右腿站立，左腿后伸，左臂上伸右臂下伸做深呼吸运动。
连续运动 4×8 拍。

第六节　右臂上伸左臂下伸呼吸

1.左腿站立，右腿后伸，右臂上伸左臂下伸做深呼吸运动。
2.右腿站立，左腿后伸，右臂上伸左臂下伸做深呼吸运动。
连续运动 4×8 拍。

第七节　左臂前伸右臂后伸呼吸

1.左腿站立，右腿后伸，左臂前伸右臂后伸做深呼吸运动。
2.右腿站立，左腿后伸，左臂前伸右臂后伸做深呼吸运动。
连续运动 4×8 拍。

第八节　右臂前伸左臂后伸呼吸

1.左腿站立，右腿后伸，右臂前伸左臂后伸做深呼吸运动。
2.右腿站立，左腿后伸，右臂前伸左臂后伸做深呼吸运动。
连续运动 4×8 拍。

本套操能锻炼腿部，能活动上肢和上肢关节，能增加肺活量，能增强全身平衡协调能力。

第十四套 后伸呼吸多项上肢运动操

预备势：两腿自然站立，两臂体侧下垂，挺胸收腹，两眼平视。

第一节 左腿站立呼吸多项上肢运动

动作：左腿站立，右腿后伸。以下动作连续运动 4×8 拍。

1. 两臂做上伸深呼吸运动。
2. 两臂做前伸深呼吸运动。
3. 两臂做后伸深呼吸运动。
4. 两臂做侧伸深呼吸运动。
5. 左臂上伸右臂下伸做深呼吸运动。
6. 右臂上伸左臂下伸做深呼吸运动。
7. 左臂前伸右臂后伸做深呼吸运动。
8. 右臂前伸左臂后伸做深呼吸运动。

根据本人身体情况和需求，上肢可以连续做：1 和 2，1、2 和 3，1、2、3 和 4，1、2、3、4 和 5，1、2、3、4、5 和 6，1、2、3、4、5、6 和 7，1、2、3、4、5、6、7 和 8。灵活掌握运动部位和运动次数。

第二节 右腿站立呼吸多项上肢运动

动作：右腿站立，左腿后伸。以下动作连续运动 4×8 拍。

1. 两臂做上伸深呼吸运动。
2. 两臂做前伸深呼吸运动。
3. 两臂做后伸深呼吸运动。
4. 两臂做侧伸深呼吸运动。
5. 左臂上伸右臂下伸做深呼吸运动。
6. 右臂上伸左臂下伸做深呼吸运动。
7. 左臂前伸右臂后伸做深呼吸运动。
8. 右臂前伸左臂后伸做深呼吸运动。

根据本人身体情况和需求，上肢可以连续做：1.和 2.，1、2.和 3、1、2、3

和4，1、2、3、4和5，1、2、3、4、5和6，1、2、3、4、6、6和7，1、2、3、4、5、6、7和8。灵活掌握运动部位和运动次数。

本套操能锻炼腿部，能活动上肢和上肢关节，能增加肺活量，能增强全身平衡协调能力。

第十一章　单腿持物平衡操

第一套　单腿持物单项下肢平衡操

预备势：自然站立，手持哑铃体侧下垂，挺胸收腹，两眼平视。

第一节　压脚平衡

1.左腿站立，两手持械下伸，右脚压左脚面平衡一分钟。
2.右腿站立，两手持械下伸，左脚压右脚面平衡一分钟。

第二节　贴膝平衡

1.左腿站立，两手持械上伸，右脚贴左膝平衡一分钟。
2.右腿站立，两手持械上伸，左脚贴右膝平衡一分钟。

第三节　内伸平衡

1.左腿站立，两手持械侧伸，右腿内伸平衡一分钟。
2.右腿站立，两手持械侧伸，左腿内伸平衡一分钟。

第四节　前伸平衡

1.左腿站立，两手持械后伸，右腿前伸平衡一分钟。
2.右腿站立，两手持械后伸，左腿前伸平衡一分钟。

第五节　侧伸平衡

1.左腿站立，两手持械左侧伸，右腿右侧伸平衡一分钟。
2.右腿站立，两手持械右侧伸，左腿左侧伸平衡一分钟。

第六节　后伸平衡

1.左腿站立,两手持械前伸,右腿后伸平衡一分钟。

2.右腿站立,两手持械前伸,左腿后伸平衡一分钟。

根据本人身体情况和需求,灵活掌握平衡时间。

本套操能锻炼腿部,能活动上肢和上肢关节,能增强全身平衡协调能力。

第二套　单腿持物多项下肢平衡操

预备势：自然站立，手持哑铃体侧下垂，挺胸收腹，两眼平视。

第一节　左腿站立多项下肢平衡

动作：左腿站立，两手持械。

1. 右脚压左脚面，两手持械下伸平衡一分钟。
2. 右脚贴左膝，两手持械上伸平衡一分钟。
3. 右腿内伸，两手持械侧伸平衡一分钟。
4. 右腿前伸，两手持械后伸平衡一分钟。
5. 右腿右侧伸，两手持械左侧伸平衡一分钟。
6. 右腿后伸，两手持械前伸平衡一分钟。

根据本人身体情况和需求，可以连续做：1 和 2，1、2 和 3，1、2、3 和 4，1、2、3、4 和 5，1、2、3、4、5 和 6。灵活掌握平衡部位和平衡时间。

第二节　右腿站立多项下肢平衡

动作：右腿站立，两手持械。

1. 左脚压右脚面，两手持械下伸平衡一分钟。
2. 左脚贴右膝，两手持械上伸平衡一分钟。
3. 左腿内伸，两手持械侧伸平衡一分钟。
4. 左腿前伸，两手持械后伸平衡一分钟。
5. 左腿左侧伸，两手持械左侧伸平衡一分钟。
6. 左腿后伸，两手持械前伸平衡一分钟。

根据本人身体情况和需求，可以连续做：1 和 2，1、2 和 3，1、2、3 和 4，1、2、3、4 和 5，1、2、3、4、5 和 6。灵活掌握平衡部位和平衡时间。

本套操能锻炼腿部，能活动上肢和上肢关节，能增强全身平衡协调能力。

第三套　单腿压脚持物单项上肢平衡操

预备势：自然站立，手持哑铃体侧下垂，挺胸收腹，两眼平视。

第一节　下伸平衡

1.左腿站立，右脚压左脚面，两臂持物下伸平衡一分钟。
2.右腿站立，左脚压右脚面，两臂持物下伸平衡一分钟。

第二节　上伸平衡

1.左腿站立，右脚压左脚面，两臂持物上伸平衡一分钟。
2.右腿站立，左脚压右脚面，两臂持物上伸平衡一分钟。

第三节　两臂侧伸平衡

1.左腿站立，右脚压左脚面，两臂持物侧伸平衡一分钟。
2.右腿站立，左脚压右脚面，两臂持物侧伸平衡一分钟。

第四节　后伸平衡

1.左腿站立，右脚压左脚面，两臂持物后伸平衡一分钟。
2.右腿站立，左脚压右脚面，两臂持物后伸平衡一分钟。

第五节　左右侧伸平衡

1.左腿站立，右脚压左脚面，两臂持物左侧伸平衡一分钟。
2.右腿站立，左脚压右脚面，两臂持物右侧伸平衡一分钟。

第六节　前伸平衡

1.左腿站立，右脚压左脚面，两臂持物前伸平衡一分钟。
2.右腿站立，左脚压右脚面，两臂持物前伸平衡一分钟。
本套操能锻炼腿部，能活动上肢和上肢关节，能增强全身平衡协调能力。

第四套　单腿压脚持物多项上肢平衡操

预备势：自然站立，手持哑铃体侧下垂，挺胸收腹，两眼平视。

第一节　左腿站立持物多项上肢平衡

动作：左腿站立，右脚压左脚面。

1.两臂持物下伸平衡一分钟。

2.两臂持物上伸平衡一分钟。

3.两臂持物侧伸平衡一分钟。

4.两臂持物左侧伸平衡一分钟。

5.两臂持物后伸平衡一分钟。

6.两臂持物前伸平衡一分钟。

根据本人身体情况和需求，可以持物做多项平衡如：1和2，1、2和3，1、2、3和4，1、2、3、4和5，1、2、3、4、5和6。灵活掌握平衡部位和平衡时间。

第二节　右腿站立持物多项上肢平衡

动作：右腿站立，左脚压右脚面。

1.两臂持物下伸平衡一分钟。

2.两臂持物上伸平衡一分钟。

3.两臂持物右侧伸平衡一分钟。

4.两臂持物左侧伸平衡一分钟。

5.两臂持物后伸平衡一分钟。

6.两臂持物前伸平衡一分钟。

根据本人身体情况和需求，可以持物做多项平衡如：1和2，1、2和3，1、2、3和4，1、2、3、4和5，1、2、3、4、5和6。灵活掌握平衡部位和平衡时间。

本套操能锻炼腿部，能活动上肢和上肢关节，能增强全身平衡协调能力。

第五套　金鸡站立持物单项上肢平衡操

预备势：自然站立，手持哑铃体侧下垂，挺胸收腹，两眼平视。

第一节　下伸平衡

1. 左腿金鸡站立，两臂持物下伸平衡一分钟。
2. 右腿金鸡站立，两臂持物下伸平衡一分钟。

第二节　上伸平衡

1. 左腿金鸡站立，两臂持物上伸平衡一分钟。
2. 右腿金鸡站立，两臂持物上伸平衡一分钟。

第三节　两臂侧伸平衡

1. 左腿金鸡站立，两臂持物侧伸平衡一分钟。
2. 右腿金鸡站立，两臂持物侧伸平衡一分钟。

第四节　后伸平衡

1. 左腿金鸡站立，两臂持物后伸平衡一分钟。
2. 右腿金鸡站立，两臂持物后伸平衡一分钟。

第五节　左右侧伸平衡

1. 左腿金鸡站立，两臂持物左侧伸平衡一分钟。
2. 右腿金鸡站立，两臂持物右侧伸平衡一分钟。

第六节　前伸平衡

1. 左腿金鸡站立，两臂持物前伸平衡一分钟。
2. 右腿金鸡站立，两臂持物前伸平衡一分钟。

本套操能锻炼腿部，能活动上肢和上肢关节，能增强全身平衡协调能力。

第六套　金鸡站立持物多项上肢平衡操

预备势：自然站立，手持哑铃体侧下垂，挺胸收腹，两眼平视。

第一节　左腿站立持物多项上肢平衡

动作：左腿金鸡站立。

1. 两臂持物下伸平衡一分钟。
2. 两臂持物上伸平衡一分钟。
3. 两臂持物侧伸平衡一分钟。
4. 两臂持物后伸平衡一分钟。
5. 两臂持物左侧伸平衡一分钟。
6. 两臂持物前伸平衡一分钟。

根据本人身体情况和需求，可以持物做多项平衡如：1和2，1、2和3，1、2、3和4，1、2、3、4和5，1、2、3、4、5和6。灵活掌握平衡部位和平衡时间。

第二节　右腿站立持物多项上肢平衡

动作：右腿金鸡站立。

1. 两臂持物下伸平衡一分钟。
2. 两臂持物上伸平衡一分钟。
3. 两臂持物侧伸平衡一分钟。
4. 两臂持物后伸平衡一分钟。
5. 两臂持物左侧伸平衡一分钟。
6. 两臂持物前伸平衡一分钟。

根据本人身体情况和需求，可以持物做多项平衡如：1和2，1、2和3，1、2、3和4，1、2、3、4和5，1、2、3、4、5和6。灵活掌握平衡部位和平衡时间。

本套操能锻炼腿部，能活动上肢和上肢关节，能增强全身平衡协调能力。

第七套　单腿内伸持物单项上肢平衡操

预备势：自然站立，手持哑铃体侧下垂，挺胸收腹，两眼平视。

第一节　下伸平衡

1.左腿站立，右腿内伸，两臂持物下伸平衡一分钟。
2.右腿站立，左腿内伸，两臂持物下伸平衡一分钟。

第二节　上伸平衡

1.左腿站立，右腿内伸，两臂持物上伸平衡一分钟。
2.右腿站立，左腿内伸，两臂持物上伸平衡一分钟。

第三节　侧伸平衡

1.左腿站立，右腿内伸，两臂持物侧伸平衡一分钟。
2.右腿站立，左腿内伸，两臂持物侧伸平衡一分钟。

第四节　后伸平衡

1.左腿站立，右腿内伸，两臂持物后伸平衡一分钟。
2.右腿站立，左腿内伸，两臂持物后伸平衡一分钟。

第五节　左右侧伸平衡

1.左腿站立，右腿内伸，两臂持物左侧伸平衡一分钟。
2.右腿站立，左腿内伸，两臂持物右侧伸平衡一分钟。

第六节　前伸平衡

1.左腿站立，右腿内伸，两臂持物前伸平衡一分钟。
2.右腿站立，左腿内伸，两臂持物前伸平衡一分钟。

本套操能锻炼腿部，能活动上肢和上肢关节，能增强全身平衡协调能力。

第八套　单腿内伸持物多项上肢平衡操

预备势：自然站立，手持哑铃体侧下垂，挺胸收腹，两眼平视。

第一节　左腿站立持物多项上肢平衡

动作：左腿站立，右腿内伸。

1.两臂持物下伸平衡一分钟。

2.两臂持物上伸平衡一分钟。

3.两臂持物侧伸平衡一分钟。

4.两臂持物后伸平衡一分钟。

5.两臂持物左侧伸平衡一分钟。

6.两臂持物前伸平衡一分钟。

根据本人身体情况和需求，可以持物做多项平衡如：1 和 2，1、2 和 3，1、2、3 和 4，1、2、3、4 和 5，1、2、3、4、5 和 6。灵活掌握平衡部位和平衡时间。

第二节　右腿站立持物多项上肢平衡

动作：右腿站立，左腿内伸。

1.两臂持物下伸平衡一分钟。

2.两臂持物上伸平衡一分钟。

3.两臂持物右侧伸平衡一分钟。

4.两臂持物后伸平衡一分钟。

5.两臂持物左侧伸平衡一分钟。

6.两臂持物前伸平衡一分钟。

根据本人身体情况和需求，可以持物做多项平衡如：1 和 2，1、2 和 3，1、2、3 和 4，1、2、3、4 和 5，1、2、3、4、5 和 6。灵活掌握平衡部位和平衡时间。

本套操能锻炼腿部，能活动上肢和上肢关节，能增强全身平衡协调能力。

第九套　单腿前伸持物单项上肢平衡操

预备势：自然站立，手持哑铃体侧下垂，挺胸收腹，两眼平视。

第一节　下伸平衡

1.左腿站立，右腿前伸，两臂持物下伸平衡一分钟。
2.右腿站立，左腿前伸，两臂持物下伸平衡一分钟。

第二节　上伸平衡

1.左腿站立，右腿前伸，两臂持物上伸平衡一分钟。
2.右腿站立，左腿前伸，两臂持物上伸平衡一分钟。

第三节　侧伸平衡

1.左腿站立，右腿前伸，两臂持物侧伸平衡一分钟。
2.右腿站立，左腿前伸，两臂持物侧伸平衡一分钟。

第四节　后伸平衡

1.左腿站立，右腿前伸，两臂持物后伸平衡一分钟。
2.右腿站立，左腿前伸，两臂持物后伸平衡一分钟。

第五节　左右侧伸平衡

1.左腿站立，右腿前伸，两臂持物左侧伸平衡一分钟。
2.右腿站立，左腿前伸，两臂持物右侧伸平衡一分钟。

第六节　前伸平衡

1.左腿站立，右腿前伸，两臂持物前伸平衡一分钟。
2.右腿站立，左腿前伸，两臂持物前伸平衡一分钟。

本套操能锻炼腿部，能活动上肢和上肢关节，能增强全身平衡协调能力。

第十套　单腿前伸持物多项上肢平衡操

预备势：自然站立，手持哑铃体侧下垂，挺胸收腹，两眼平视。

第一节　左腿站立持物多项上肢平衡

动作：左腿站立，右腿前伸。

1. 两臂持物下伸平衡一分钟。
2. 两臂持物上伸平衡一分钟。
3. 两臂持物侧伸平衡一分钟。
4. 两臂持物后伸平衡一分钟。
5. 两臂持物左侧伸平衡一分钟。
6. 两臂持物前伸平衡一分钟。

根据本人身体情况和需求，可以持物做多项平衡如：1和2，1、2和3，1、2、3和4，1、2、3、4和5，1、2、3、4、5和6。灵活掌握平衡部位和平衡时间。

第二节　右腿站立持物多项上肢平衡

动作：右腿站立，左腿前伸。

1. 两臂持物下伸平衡一分钟。
2. 两臂持物上伸平衡一分钟。
3. 两臂持物侧伸平衡一分钟。
4. 两臂持物后伸平衡一分钟。
5. 两臂持物左侧伸平衡一分钟。
6. 两臂持物前伸平衡一分钟。

根据本人身体情况和需求，可以持物做多项平衡如：1和2，1、2和3，1、2、3和4，1、2、3、4和5，1、2、3、4、5和6。灵活掌握平衡部位和平衡时间。

本套操能锻炼腿部，能活动上肢和上肢关节，能增强全身平衡协调能力。

第十一套　单腿外伸持物单项上肢平衡操

预备势：自然站立，手持哑铃体侧下垂，挺胸收腹，两眼平视。

第一节　下伸平衡

1.左腿站立，右腿外伸，两臂持物下伸平衡一分钟。
2.右腿站立，左腿外伸，两臂持物下伸平衡一分钟。

第二节　上伸平衡

1.左腿站立，右腿外伸，两臂持物上伸平衡一分钟。
2.右腿站立，左腿外伸，两臂持物上伸平衡一分钟。

第三节　侧伸平衡

1.左腿站立，右腿外伸，两臂持物侧伸平衡一分钟。
2.右腿站立，左腿外伸，两臂持物侧伸平衡一分钟。

第四节　后伸平衡

1.左腿站立，右腿外伸，两臂持物后伸平衡一分钟。
2.右腿站立，左腿外伸，两臂持物后伸平衡一分钟。

第五节　左右侧伸平衡

1.左腿站立，右腿外伸，两臂持物左侧伸平衡一分钟。
2.右腿站立，左腿外伸，两臂持物右侧伸平衡一分钟。

第六节　前伸平衡

1.左腿站立，右腿外伸，两臂持物前伸平衡一分钟。
2.右腿站立，左腿外伸，两臂持物前伸平衡一分钟。

本套操能锻炼腿部，能活动上肢和上肢关节，能增强全身平衡协调能力。

第十二套　单腿外伸持物多项上肢平衡操

预备势：自然站立，手持哑铃体侧下垂，挺胸收腹，两眼平视。

第一节　左腿站立持物多项上肢平衡

动作：左腿站立，右腿外伸。

1.两臂持物下伸平衡一分钟。

2.两臂持物上伸平衡一分钟。

3.两臂持物右侧伸平衡一分钟。

4.两臂持物后伸平衡一分钟。

5.两臂持物左侧伸平衡一分钟。

6.两臂持物前伸平衡一分钟。

根据本人身体情况和需求，可以持物做多项平衡如：1和2，1、2和3，1、2、3和4，1、2、3、4和5，1、2、3、4、5和6。灵活掌握平衡部位和平衡时间。

第二节　右腿站立持物多项上肢平衡

动作：右腿站立，左腿外伸。

1.两臂持物下伸平衡一分钟。

2.两臂持物上伸平衡一分钟。

3.两臂持物右侧伸平衡一分钟。

4.两臂持物后伸平衡一分钟。

5.两臂持物左侧伸平衡一分钟。

6.两臂持物前伸平衡一分钟。

根据本人身体情况和需求，可以持物做多项平衡如：1和2，1、2和3，1、2、3和4，1、2、3、4和5，1、2、3、4、5和6。灵活掌握平衡部位和平衡时间。

本套操能锻炼腿部，能活动上肢和上肢关节，能增强全身平衡协调能力。

第十三套　单腿后伸持物单项上肢平衡操

预备势：自然站立，手持哑铃体侧下垂，挺胸收腹，两眼平视。

第一节　下伸平衡

1. 左腿站立，右腿后伸，两臂持物下伸平衡一分钟。
2. 右腿站立，左腿后伸，两臂持物下伸平衡一分钟。

第二节　上伸平衡

1. 左腿站立，右腿后伸，两臂持物上伸平衡一分钟。
2. 右腿站立，左腿后伸，两臂持物上伸平衡一分钟。

第三节　侧伸平衡

1. 左腿站立，右腿后伸，两臂持物侧伸平衡一分钟。
2. 右腿站立，左腿后伸，两臂持物侧伸平衡一分钟。

第四节　后伸平衡

1. 左腿站立，右腿后伸，两臂持物后伸平衡一分钟。
2. 右腿站立，左腿后伸，两臂持物后伸平衡一分钟。

第五节　左右侧伸平衡

1. 左腿站立，右腿后伸，两臂持物左侧伸平衡一分钟。
2. 右腿站立，左腿后伸，两臂持物右侧伸平衡一分钟。

第六节　前伸平衡

1. 左腿站立，右腿后伸，两臂持物前伸平衡一分钟。
2. 右腿站立，左腿后伸，两臂持物前伸平衡一分钟。

本套操能锻炼腿部、上肢和上肢关节，能增强全身平衡协调能力。

第十四套　单腿后伸持物多项上肢平衡操

预备势：自然站立，手持哑铃体侧下垂，挺胸收腹，两眼平视。

第一节　左腿站立持物多项上肢平衡

动作：左腿站立，右腿后伸。

1. 两臂持物下伸平衡一分钟。
2. 两臂持物上伸平衡一分钟。
3. 两臂持物右侧伸平衡一分钟。
4. 两臂持物后伸平衡一分钟。
5. 两臂持物左侧伸平衡一分钟。
6. 两臂持物前伸平衡一分钟。

根据本人身体情况和需求，可以持物做多项平衡如：1和2，1、2和3，1、2、3和4，1、2、3、4和5，1、2、3、4、5和6。灵活掌握平衡部位和平衡时间。

第二节　右腿站立持物多项上肢平衡

动作：右腿站立，左腿后伸。

1. 两臂持物下伸平衡一分钟。
2. 两臂持物上伸平衡一分钟。
3. 两臂持物右侧伸平衡一分钟。
4. 两臂持物后伸平衡一分钟。
5. 两臂持物左侧伸平衡一分钟。
6. 两臂持物前伸平衡一分钟。

根据本人身体情况和需求，可以持物做多项平衡如：1和2，1、2和3，1、2、3和4，1、2、3、4和5，1、2、3、4、5和6。灵活掌握平衡部位和平衡时间。

本套操能锻炼腿部、上肢和上肢关节，能增强全身平衡协调能力。

第十二章 单腿持物运动操

第一套 单腿持物单项下肢运动操

预备势：自然站立，手持哑铃体侧下垂，挺胸收腹，两眼平视。
注意事项：本套操建议连续运动 4×8 拍，可根据身体情况灵活掌握。

第一节 持物抬腿活动

1. 左腿站立，两手持物下伸，右腿做上下运动。
2. 右腿站立，两手持物下伸，左腿做上下运动。

第二节 持物内踢运动

1. 左腿站立，两手持物右侧伸，右腿做内踢运动。
2. 右腿站立，两手持物左侧伸，左腿做内踢运动。

第三节 持物前踢运动

1. 左腿站立，两手持物侧伸，右腿做前踢运动。
2. 右腿站立，两手持物侧伸，左腿做前踢运动。

第四节 持物侧踢运动

1. 左腿站立，两手持物左侧伸，右腿做右侧踢运动。
2. 右腿站立，两手持物右侧伸，左腿做左侧踢运动。

第五节 持物后踢运动

1. 左腿站立，两手持物前伸，右腿做后踢运动。
2. 右腿站立，两手持物前伸，左腿做后踢运动。

第六节 持物摆腿运动

1.左腿站立,两手持物摆动,右腿做前踢运动。

2.右腿站立,两手持物摆动,左腿做前踢运动。

本套操能锻炼腿部、下肢关节、上肢和上肢关节,能增强全身平衡和协调能力。

第二套 单腿持物多项下肢运动操

预备势：自然站立，手持哑铃体侧下垂，挺胸收腹，两眼平视。

第一节 左腿站立下肢运动操

动作：左腿站立。以下动作建议连续运动4×8拍。但根据身体情况，可灵活掌握运动部位和运动次数。

1.两手持物下伸，右腿做上下运动。
2.两手持物右侧伸，右腿做内踢运动。
3.两手持物侧伸，右腿做前踢运动。
4.两手持物左侧伸，右腿做右侧踢运动。
5.两手持物前伸，右腿做后踢运动。
6.两手持物摆动，右腿做自由摆动。

根据本人身体情况和需求，下肢可以做连续运动，如：1和2，1、2和3，1、2、3和4，1、2、3、4和5，1、2、3、4、5和6。

第二节 右腿站立下肢运动操

动作：右腿站立。以下动作建议连续运动4×8拍。但根据身体情况，可灵活掌握运动部位和运动次数。

1.两手持物下伸，左腿做上下运动。
2.两手持物左侧伸，左腿做内踢运动。
3.两手持物侧伸，左腿做前踢运动。
4.两手持物右侧伸，左腿做左侧踢运动。
5.两手持物前伸，左腿做后踢运动。
6.两手持物摆动，左腿做自由摆动。

根据本人身体情况和需求，下肢可以做连续运动，如：1和2，1、2和3，1、2、3和4，1、2、3、4和5，1、2、3、4、5和6。

本套操能锻炼腿部、下肢关节、上肢、上肢关节，能增强全身平衡和协调能力。

第三套　压脚单项持物上肢运动操

预备势：自然站立，手持哑铃体侧下垂，挺胸收腹，两眼平视。
注意事项：以下动作建议连续运动 4×8 拍，可视自身情况调整。

第一节　持物两臂上伸运动

1. 左腿站立，右脚压左脚面，两手持物做上伸运动。
2. 右腿站立，左脚压右脚面，两手持物做上伸运动。

第二节　持物两臂前伸运动

1. 左腿站立，右脚压左脚面，两手持物做前伸运动。
2. 右腿站立，左脚压右脚面，两手持物做前伸运动。

第三节　持物两臂后伸运动

1. 左腿站立，右脚压左脚面，两手持物做后伸运动。
2. 右腿站立，左脚压右脚面，两手持物做后伸运动。

第四节　持物两臂侧伸运动

1. 左腿站立，右脚压左脚面，两手持物做侧伸运动。
2. 右腿站立，左脚压右脚面，两手持物做侧伸运动。

第五节　持物两臂扩胸运动

1. 左腿站立，右脚压左脚面，两手持物做扩胸运动。
2. 右腿站立，左脚压右脚面，两手持物做扩胸运动。

第六节　持物两臂侧摆运动

1. 左腿站立，右脚压左脚面，两手持物做侧摆运动。
2. 右腿站立，左脚压右脚面，两手持物做侧摆运动。

第七节　持物两臂前屈肘运动

1.左腿站立，右脚压左脚面，两手持物做前屈肘运动。
2.右腿站立，左脚压右脚面，两手持物做前屈肘运动。

第八节　持物两臂侧屈肘运动

1.左腿站立，右脚压左脚面，两手持物做侧屈肘运动。
2.右腿站立，左脚压右脚面，两手持物做侧屈肘运动。

本套操能锻炼腿部、上肢和上肢关节，能增强腰部力量，能增强全身平衡和协调能力。

第四套　单腿压脚多项持物上肢运动操

预备势：自然站立，手持哑铃体侧下垂，挺胸收腹，两眼平视。

第一节　左腿站立持物上肢运动

动作：左腿站立，右脚压左脚面。

1.两手持物做上伸运动。
2.两手持物做前伸运动。
3.两手持物做后伸运动。
4.两手持物做侧伸运动。
5.两手持物做扩胸运动。
6.两手持物做侧摆运动。
7.两手持物做前屈膝运动。
8.两手持物做侧屈膝运动。

以上动作建议连续运动 4×8 拍。根据本人身体情况和需求，可以做连续运动，如：1 和 2，1、2 和 3，1、2、3 和 4，1、2、3、4 和 5，1、2、3、4、5 和 6，1、2、3、4、5、6 和 7，1、2、3、4、5、6、7 和 8。灵活掌握运动部位和运动次数。

第二节　右腿站立持物上肢运动

动作：右腿站立，左脚压右脚面。

1.两手持物做上伸运动。
2.两手持物做前伸运动。
3.两手持物做后伸运动。
4.两手持物做侧伸运动。
5.两手持物做扩胸运动。
6.两手持物做侧摆运动。
7.两手持物做前屈膝运动。
8.两手持物做侧屈膝运动。

以上动作建议连续运动 4×8 拍。根据本人身体情况和需求，可以做连续运动，

如：1和2，1、2和3，1、2、3和4，1、2、3、4和5，1、2、3、4、5和6，1、2、3、4、5、6和7，1、2、3、4、5、6、7和8。灵活掌握运动部位和运动次数。

本套操能锻炼腿部、上肢和上肢关节，能增强腰部力量，能增强全身平衡和协调能力。

第五套　金鸡独立单项持物上肢运动操

预备势：自然站立，手持哑铃体侧下垂，挺胸收腹，两眼平视。
注意事项：以下动作建议连续运动 4×8 拍，可视自身情况调整。

第一节　持物两臂上伸运动

1.左腿金鸡独立（右脚贴左膝部），两手持物做上伸运动。
2.右腿金鸡独立（左脚贴右膝部），两手持物做上伸运动。

第二节　持物两臂前伸运动

1.左腿金鸡独立，两手持物做前伸运动。
2.右腿金鸡独立，两手持物做前伸运动。

第三节　持物两臂后伸运动

1.左腿金鸡独立，两手持物做后伸运动。
2.右腿金鸡独立，两手持物做后伸运动。

第四节　持物两臂侧伸运动

1.左腿金鸡独立，两手持物做侧伸运动。
2.右腿金鸡独立，两手持物做侧伸运动。

第五节　持物两臂扩胸运动

1.左腿金鸡独立，两手持物做扩胸运动。
2.右腿金鸡独立，两手持物做扩胸运动。

第六节　持物两臂侧摆运动

1.左腿金鸡独立，两手持物做侧摆运动。
2.右腿金鸡独立，两手持物做侧摆运动。

第七节　持物两臂前屈肘运动

1.左腿金鸡独立,两手持物做前屈肘运动。
2.右腿金鸡独立,两手持物做前屈肘运动。

第八节　持物两臂侧屈肘运动

1.左腿金鸡独立,两手持物做侧屈肘运动。
2.右腿金鸡独立,两手持物做侧屈肘运动。

本套操能锻炼腿部、上肢和上肢关节,能增强腰部力量,能增强全身平衡和协调能力。

第六套　金鸡独立多项持物上肢运动操

预备势：自然站立，手持哑铃体侧下垂，挺胸收腹，两眼平视。

第一节　左腿金鸡独立持物上肢运动

动作：左腿金鸡独立。

1.两手持物做上伸运动。

2.两手持物做前伸运动。

3.两手持物做后伸运动。

4.两手持物做侧伸运动。

5.两手持物做扩胸运动。

6.两手持物做侧摆运动。

7.两手持物做前屈膝运动。

8.两手持物做侧屈膝运动。

以上动作建议连续运动 4×8 拍。根据本人身体情况和需求，可以做连续运动，如：1 和 2，1、2 和 3，1、2、3 和 4，1、2、3、4 和 5，1、2、3、4、5 和 6，1、2、3、4、5、6 和 7，1、2、3、4、5、6、7 和 8。灵活掌握运动部位和运动次数。

第二节　右腿金鸡独立持物上肢运动

动作：右腿金鸡独立。

1.两手持物做上伸运动。

2.两手持物做前伸运动。

3.两手持物做后伸运动。

4.两手持物做侧伸运动。

5.两手持物做扩胸运动。

6.两手持物做侧摆运动。

7.两手持物做前屈膝运动。

8.两手持物做侧屈膝运动。

以上动作建议连续运动 4×8 拍。根据本人身体情况和需求，可以做连续运动，

如：1和2，1、2和3，1、2、3和4，1、2、3、4和5，1、2、3、4、5和6，1、2、3、4、5、6和7，1、2、3、4、5、6、7和8。灵活掌握运动部位和运动次数。

本套操能锻炼腿部、上肢和上肢关节，能增强腰部力量，能增强全身平衡和协调能力。

第七套　单腿内伸持物单项上肢运动操

预备势：自然站立，手持哑铃体侧下垂，挺胸收腹，两眼平视。
注意事项：以下动作建议连续运动 4×8 拍，可视自身情况调整。

第一节　持物两臂上伸运动

1. 左腿站立，右腿内伸，两手持物做上伸运动。
2. 右腿站立，左腿内伸，两手持物做上伸运动。

第二节　持物两臂前伸运动

1. 左腿站立，右腿内伸，两手持物做前伸运动。
2. 右腿站立，左腿内伸，两手持物做前伸运动。

第三节　持物两臂后伸运动

1. 左腿站立，右腿内伸，两手持物做后伸运动。
2. 右腿站立，左腿内伸，两手持物做后伸运动。

第四节　持物两臂侧伸运动

1. 左腿站立，右腿内伸，两手持物做侧伸运动。
2. 右腿站立，左腿内伸，两手持物做侧伸运动。

第五节　持物两臂扩胸运动

1. 左腿站立，右腿内伸，两手持物做扩胸运动。
2. 右腿站立，左腿内伸，两手持物做扩胸运动。

第六节　持物两臂侧摆运动

1. 左腿站立，右腿内伸，两手持物做侧摆运动。
2. 右腿站立，左腿内伸，两手持物做侧摆运动。

第七节　持物两臂前屈肘运动

1.左腿站立，右腿内伸，两手持物做前屈肘运动。
2.右腿站立，左腿内伸，两手持物做前屈肘运动。

第八节　持物两臂侧屈肘运动

1.左腿站立，右腿内伸，两手持物做侧屈肘运动。
2.右腿站立，左腿内伸，两手持物做侧屈肘运动。

本套操能锻炼腿部、上肢和上肢关节，能增强腰部力量，能增强全身平衡和协调能力。

第八套　单腿内伸持物多项上肢运动操

预备势：自然站立，手持哑铃体侧下垂，挺胸收腹，两眼平视。

第一节　左腿站立持物多项上肢运动

动作：左腿站立，右腿内伸。

1.两手持物做上伸运动。

2.两手持物做前伸运动。

3.两手持物做后伸运动。

4.两手持物做侧伸运动。

5.两手持物做扩胸运动。

6.两手持物做侧摆运动。

7.两手持物做前屈膝运动。

8.两手持物做侧屈膝运动。

以上动作建议连续运动 4×8 拍。根据本人身体情况和需求，可以做连续运动，如：1 和 2，1、2 和 3，1、2、3 和 4，1、2、3、4 和 5，1、2、3、4、5 和 6，1、2、3、4、5、6 和 7，1、2、3、4、5、6、7 和 8。灵活掌握运动部位和运动次数。

第二节　右腿站立持物多项上肢运动

动作：右腿站立，左腿内伸。

1.两手持物做上伸运动。

2.两手持物做前伸运动。

3.两手持物做后伸运动。

4.两手持物做侧伸运动。

5.两手持物做扩胸运动。

6.两手持物做侧摆运动。

7.两手持物做前屈膝运动。

8.两手持物做侧屈膝运动。

以上动作建议连续运动 4×8 拍。根据本人身体情况和需求，可以做连续运动，

如：1和2，1、2和3，1、2、3和4，1、2、3、4和5，1、2、3、4、5和6，1、2、3、4、5、6和7，1、2、3、4、5、6、7和8。灵活掌握运动部位和运动次数。

本套操能锻炼腿部、上肢和上肢关节，能增强腰部力量，能增强全身平衡和协调能力。

第九套　单腿前伸持物单项上肢运动操

预备势：自然站立，手持哑铃体侧下垂，挺胸收腹，两眼平视。
注意事项：以下动作建议连续运动 4×8 拍，可视自身情况调整。

第一节　持物两臂上伸运动

1.左腿站立，右腿内伸，两手持物做上伸运动。
2.右腿站立，左腿内伸，两手持物做上伸运动。

第二节　持物两臂前伸运动

1.左腿站立，右腿内伸，两手持物做前伸运动。
2.右腿站立，左腿内伸，两手持物做前伸运动。

第三节　持物两臂后伸运动

1.左腿站立，右腿内伸，两手持物做后伸运动。
2.右腿站立，左腿内伸，两手持物做后伸运动。

第四节　持物两臂侧伸运动

1.左腿站立，右腿内伸，两手持物做侧伸运动。
2.右腿站立，左腿内伸，两手持物做侧伸运动。

第五节　持物两臂扩胸运动

1.左腿站立，右腿内伸，两手持物做扩胸运动。
2.右腿站立，左腿内伸，两手持物做扩胸运动。

第六节　持物两臂侧摆运动

1.左腿站立，右腿内伸，两手持物做侧摆运动。
2.右腿站立，左腿内伸，两手持物做侧摆运动。

第七节　持物两臂前屈肘运动

1.左腿站立，右腿内伸，两手持物做前屈肘运动。

2.右腿站立，左腿内伸，两手持物做前屈肘运动。

第八节　持物两臂侧屈肘运动

1.左腿站立，右腿内伸，两手持物做侧屈肘运动。

2.右腿站立，左腿内伸，两手持物做侧屈肘运动。

本套操能锻炼腿部、上肢和上肢关节，能增强腰部力量，能增强全身平衡和协调能力。

第十套　单腿前伸持物多项上肢运动

预备势：自然站立，手持哑铃体侧下垂，挺胸收腹，两眼平视。

第一节　左腿站立持物多项上肢运动

动作：左腿站立，右腿前伸。

1.两手持物做上伸运动。

2.两手持物做前伸运动。

3.两手持物做后伸运动。

4.两手持物做侧伸运动。

5.两手持物做扩胸运动。

6.两手持物做侧摆运动。

7.两手持物做前屈膝运动。

8.两手持物做侧屈膝运动。

以上动作建议连续运动 4×8 拍。根据本人身体情况和需求，可以做连续运动，如：1 和 2，1、2 和 3，1、2、3 和 4，1、2、3、4 和 5，1、2、3、4、5 和 6，1、2、3、4、5、6 和 7，1、2、3、4、5、6、7 和 8。灵活掌握运动部位和运动次数。

第二节　右腿站立持物多项上肢运动

动作：右腿站立，左腿前伸。

1.两手持物做上伸运动。

2.两手持物做前伸运动。

3.两手持物做后伸运动。

4.两手持物做侧伸运动。

5.两手持物做扩胸运动。

6.两手持物做侧摆运动。

7.两手持物做前屈膝运动。

8.两手持物做侧屈膝运动。

以上动作建议连续运动 4×8 拍。根据本人身体情况和需求，可以做连续运动，

如：1和2，1、2和3，1、2、3和4，1、2、3、4和5，1、2、3、4、5和6，1、2、3、4、5、6和7，1、2、3、4、5、6、7和8。灵活掌握运动部位和运动次数。

　　本套操能锻炼腿部、上肢和上肢关节，能增强腰部力量，能增强全身平衡和协调能力。

第十一套 单腿侧伸持物单项上肢运动操

预备势：自然站立，手持哑铃体侧下垂，挺胸收腹，两眼平视。
注意事项：以下动作建议连续运动 4×8 拍，可视自身情况调整。

第一节 持物两臂上伸运动

1.左腿站立，右腿右侧伸，两手持物做上伸运动。
2.右腿站立，左腿左侧伸，两手持物做上伸运动。

第二节 持物两臂前伸运动

1.左腿站立，右腿右侧伸，两手持物做前伸运动。
2.右腿站立，左腿左侧伸，两手持物做前伸运动。

第三节 持物两臂后伸运动

1.左腿站立，右腿右侧伸，两手持物做后伸运动。
2.右腿站立，左腿左侧伸，两手持物做后伸运动。

第四节 持物两臂侧伸运动

1.左腿站立，右腿右侧伸，两手持物做侧伸运动。
2.右腿站立，左腿左侧伸，两手持物做侧伸运动。

第五节 持物两臂扩胸运动

1.左腿站立，右腿右侧伸，两手持物做扩胸运动。
2.右腿站立，左腿左侧伸，两手持物做扩胸运动。

第六节 持物两臂侧摆运动

1.左腿站立，右腿右侧伸，两手持物做侧摆运动。
2.右腿站立，左腿左侧伸，两手持物做侧摆运动。

第七节　持物两臂前屈肘运动

1.左腿站立，右腿右侧伸，两手持物做前屈肘运动。
2.右腿站立，左腿左侧伸，两手持物做前屈肘运动。

第八节　持物两臂侧屈肘运动

1.左腿站立，右腿右侧伸，两手持物做侧屈肘运动。
2.右腿站立，左腿左侧伸，两手持物做侧屈肘运动。

本套操能锻炼腿部、上肢和上肢关节，能增强腰部力量，能增强全身平衡和协调能力。

第十二套　单腿侧伸持物多项上肢运动操

预备势：自然站立，手持哑铃体侧下垂，挺胸收腹，两眼平视。

第一节　左腿站立持物多项上肢运动

动作：左腿站立，右腿右侧伸。

1. 两手持物做上伸运动。
2. 两手持物做前伸运动。
3. 两手持物做后伸运动。
4. 两手持物做侧伸运动。
5. 两手持物做扩胸运动。
6. 两手持物做侧摆运动。
7. 两手持物做前屈膝运动。
8. 两手持物做侧屈膝运动。

以上动作建议连续运动 4×8 拍。根据本人身体情况和需求，可以做连续运动，如：1 和 2，1、2 和 3，1、2、3 和 4，1、2、3、4 和 5，1、2、3、4、5 和 6，1、2、3、4、5、6 和 7，1、2、3、4、5、6、7 和 8。灵活掌握运动部位和运动次数。

第二节　右腿站立持物多项上肢运动

动作：右腿站立，左腿左侧伸。

1. 两手持物做上伸运动。
2. 两手持物做前伸运动。
3. 两手持物做后伸运动。
4. 两手持物做侧伸运动。
5. 两手持物做扩胸运动。
6. 两手持物做侧摆运动。
7. 两手持物做前屈膝运动。
8. 两手持物做侧屈膝运动。

以上动作建议连续运动 4×8 拍。根据本人身体情况和需求，可以做连续运动，

如：1和2，1、2和3，1、2、3和4，1、2、3、4和5，1、2、3、4、5和6，1、2、3、4、5、6和7，1、2、3、4、5、6、7和8。灵活掌握运动部位和运动次数。

本套操能锻炼腿部、上肢和上肢关节，能增强腰部力量，能增强全身平衡和协调能力。

第十三套　单腿后伸持物单项上肢运动操

预备势：自然站立，手持哑铃体侧下垂，挺胸收腹，两眼平视。
注意事项：以下动作建议连续运动 4×8 拍，可视自身情况调整。

第一节　持物两臂上伸运动

1.左腿站立，右腿右伸，两手持物做上伸运动。
2.右腿站立，左腿左伸，两手持物做上伸运动。

第二节　持物两臂前伸运动

1.左腿站立，右腿右侧伸，两手持物做前伸运动。
2.右腿站立，左腿左侧伸，两手持物做前伸运动。

第三节　持物两臂后伸运动

1.左腿站立，右腿右伸，两手持物做后伸运动。
2.右腿站立，左腿左伸，两手持物做后伸运动。

第四节　持物两臂侧伸运动

1.左腿站立，右腿右伸，两手持物做侧伸运动。
2.右腿站立，左腿左伸，两手持物做侧伸运动。

第五节　持物两臂扩胸运动

1.左腿站立，右腿右伸，两手持物做扩胸运动。
2.右腿站立，左腿左伸，两手持物做扩胸运动。

第六节　持物两臂侧摆运动

1.左腿站立，右腿右伸，两手持物做侧摆运动。
2.右腿站立，左腿左伸，两手持物做侧摆运动。

第七节　持物两臂前屈肘运动

1.左腿站立，右腿右伸，两手持物做前屈肘运动。
2.右腿站立，左腿左伸，两手持物做前屈肘运动。

第八节　持物两臂侧屈肘运动

1.左腿站立，右腿右伸，两手持物做侧屈肘运动。
2.右腿站立，左腿左伸，两手持物做侧屈肘运动。

本套操能锻炼腿部、上肢和上肢关节，能增强腰部力量，能增强全身平衡和协调能力。

第十四套　单腿后伸持物多项上肢运动操

预备势：自然站立，手持哑铃体侧下垂，挺胸收腹，两眼平视。

第一节　左腿站立持物多项上肢运动

动作：左腿站立，右腿后伸。
1. 两手持物做上伸运动。
2. 两手持物做前伸运动。
3. 两手持物做后伸运动。
4. 两手持物做侧伸运动。
5. 两手持物做扩胸运动。
6. 两手持物做侧摆运动。
7. 两手持物做前屈膝运动。
8. 两手持物做侧屈膝运动。

以上动作建议连续运动 4×8 拍。根据本人身体情况和需求，可以做连续运动，如：1 和 2，1、2 和 3，1、2、3 和 4，1、2、3、4 和 5，1、2、3、4、5 和 6，1、2、3、4、5、6 和 7，1、2、3、4、5、6、7 和 8。灵活掌握运动部位和运动次数。

第二节　右腿站立持物多项上肢运动

动作：右腿站立，左腿后伸。
1. 两手持物做上伸运动。
2. 两手持物做前伸运动。
3. 两手持物做后伸运动。
4. 两手持物做侧伸运动。
5. 两手持物做扩胸运动。
6. 两手持物做侧摆运动。
7. 两手持物做前屈膝运动。
8. 两手持物做侧屈膝运动。

以上动作建议连续运动 4×8 拍。根据本人身体情况和需求，可以做连续运动，

如：1和2，1、2和3，1、2、3和4，1、2、3、4和5，1、2、3、4、5和6，1、2、3、4、5、6和7，1、2、3、4、5、6、7和8。灵活掌握运动部位和运动次数。

本套操能锻炼腿部、上肢和上肢关节，能增强腰部力量，能增强全身平衡和协调能力。

第十三章　单腿顶物平衡操

第一套　单腿顶物单项下肢平衡操

预备势：头顶物（如塑料盒）自然站立，两臂体侧下垂，挺胸收腹，两眼平视。

注意事项：根据本人身体情况和需求，灵活掌握平衡动作和平衡时间。

第一节　压脚平衡

1.左腿站立，右脚压左脚面，两手置腹前平衡一分钟。
2.右腿站立，左脚压右脚面，两手置腹前平衡一分钟。

第二节　金鸡站立平衡

1.左腿站立，右脚贴左膝，两手置体侧平衡一分钟。
2.右腿站立，左脚贴右膝，两手置体侧平衡一分钟。

第三节　内伸平衡

1.左腿站立，右脚内伸，两手托臂平衡一分钟。
2.右腿站立，左脚内伸，两手托臂平衡一分钟。

第四节　前伸平衡

1.左腿站立，右脚前伸，两手叉腰平衡一分钟。
2.右腿站立，左脚前伸，两手叉腰平衡一分钟。

第五节　侧伸平衡

1.左腿站立，两手两侧伸，右脚右侧平衡一分钟。
2.右腿站立，两手两侧伸，左脚左侧平衡一分钟。

第六节　后伸平衡

1.左腿站立，两手前伸，右脚后伸平衡一分钟。
2.右腿站立，两手前伸，左脚后伸平衡一分钟。

本套操能锻炼腿部、颈部、肩部、上肢及关节，能增强全身平衡和协调能力。

第二套 单腿顶物多项下肢平衡操

预备势：头顶物（如塑料盒）自然站立，两臂体侧下垂，挺胸收腹，两眼平视。

注意事项：根据本人身体情况和需求，灵活掌握平衡动作和平衡时间。

第一节 左腿站立下肢多项平衡

1.左腿站立，右脚压左脚面，两手置腹前平衡一分钟。

2.右腿站立，左脚压左脚面，两手置腹前平衡一分钟。

3.右脚内伸，两手托臂平衡一分钟。

4.两手叉腰，右腿前伸平衡一分钟。

5.两手两侧伸，右脚右侧伸平衡一分钟。

6.两手前伸，右脚右伸平衡一分钟。

根据本人身体情况和需求，右腿可以做多项连续运动，如：1和2、1、2和3、1、2、3和4，1、2、3、4和5，1、2、3、4、5和6。灵活掌握平衡动作和平衡时间。

第二节 右腿站立下肢多项平衡

动作：右腿站立。

1.左脚压右脚面，两手置腹前平衡一分钟。

2.右脚金鸡站立，两手置体侧平衡一分钟。

3.左脚内伸两手托臂平衡一分钟。

4.左脚前伸，两手置体侧平衡一分钟。

5.两手两侧伸，左脚左侧伸平衡一分钟。

6.左脚后伸，两手前伸平衡一分钟。

根据本人身体情况和需求，右腿可以做多项连续运动如：1和2，1、2和3，1、2、3和4，1、2、3、4和5，1、2、3、4、5和6。灵活掌握平衡动作和平衡时间。

本套操能锻炼腿部、颈部、肩部、上肢及关节，能增强全身平衡和协调能力。

第三套　单腿顶物压脚单项平衡操

预备势：头顶物（如塑料盒）自然站立，两臂体侧下垂，挺胸收腹，两眼平视。

注意事项：根据本人身体情况和需求，灵活掌握平衡动作和平衡时间。

第一节　上举平衡

1. 左腿站立，右脚压左脚面，两臂上举平衡一分钟。
2. 右脚站立，左脚压右脚面，两臂上举平衡一分钟。

第二节　前伸平衡

1. 左腿站立，右脚压左脚面，两臂前伸平衡一分钟。
2. 右腿站立，左脚压右脚面，两臂前伸平衡一分钟。

第三节　后伸平衡

1. 左腿站立，右脚压左脚面，两臂后伸平衡一分钟。
2. 右腿站立，左脚压右脚面，两臂后伸平衡一分钟。

第四节　侧伸平衡

1. 左腿站立，右脚压左脚面，两臂侧伸平衡一分钟。
2. 右腿站立，左脚压右脚面，两臂侧伸平衡一分钟。

第五节　前伸屈肘平衡

1. 左腿站立，右脚压左脚面，两臂前伸屈肘平衡一分钟。
2. 左腿站立，右脚压左脚面，两臂前伸屈肘平衡一分钟。

第六节　侧伸屈肘平衡

1. 左腿站立，右脚压左脚面，两臂侧伸屈肘平衡一分钟。
2. 右腿站立，左脚压右脚面，两臂侧伸屈肘平衡一分钟。

第七节　前伸摸肩平衡

1.左腿站立，右脚压左脚面，两臂前伸摸肩平衡一分钟。
2.右腿站立，左脚压右脚面，两臂前伸摸肩平衡一分钟。

第八节　侧伸摸肩平衡

1.左腿站立，右脚压左脚面，两臂侧伸摸肩平衡一分钟。
2.右腿站立，左脚压右脚面，两臂侧伸摸肩平衡一分钟。

本套操能锻炼腿部、颈部、肩部、上肢及关节，能增强全身平衡及协调能力。

第四套　单腿顶物压腿多项平衡操

预备势：头顶物（如塑料盒）自然站立，两臂体侧下垂，挺胸收腹，两眼平视。

第一节　左脚站立多项平衡

动作：头顶物左腿站立，右脚压左脚面。

1. 两臂上举平衡一分钟。
2. 两臂前伸平衡一分钟。
3. 两臂后伸平衡一分钟
4. 两臂侧伸屈肘平衡一分钟
5. 两臂前伸屈肘平衡一分钟
6. 两臂侧伸屈肘平衡一分钟
7. 两臂前伸屈肘摸肩平衡一分钟。
8. 两臂侧伸屈肘摸肩平衡一分钟

根据本人身体情况和需求，可以做上肢多项连续平衡，如：1和2，1、2和3，1、2、3和4，1、2、3、4和5，1、2、3、4、5和6，1、2、3、4、5、6和7，1、2、3、4、5、6、7和8。灵活掌握平衡协调和平衡时间。

第二节　右脚站立多项平衡

动作：右腿站立，左脚压右脚面。

1. 两臂上举平衡一分钟。
2. 两臂前伸平衡一分钟。
3. 两臂后伸平衡一分钟。
4. 两臂侧伸平衡一分钟
5. 两臂前伸屈肘平衡一分钟
6. 两臂侧伸屈肘平衡一分钟
7. 两臂前伸屈肘摸肩平衡一分钟。
8. 两臂侧伸屈肘摸肩平衡一分钟。

根据本人身体情况和需求，可以做上肢多项连续平衡，如：1 和 2，1、2 和 3，1、2、3、和 4，1、2、3、4 和 5，1、2、3、4、5 和 6，1、2、3、4、5、6 和 7，1、2、3、4、5、6、7 和 8。灵活掌握平衡协调和平衡时间。

本套操能锻炼腿部、颈部、肩部、上肢及关节，能增强全身平衡和协调能力。

第五套 单腿顶物金鸡单项平衡操

预备势：头顶物（如塑料盒）自然站立，两臂体侧下垂，挺胸收腹，两眼平视。

注意事项：根据本人身体情况和需求，灵活掌握平衡动作和平衡时间。

第一节 上举平衡

1. 左腿金鸡站立，右脚贴左膝，两臂上举平衡一分钟。
2. 右腿金鸡站立，左脚贴右膝，两臂上举平衡一分钟。

第二节 前伸平衡

1. 左腿金鸡站立，右脚贴左膝，两臂前伸平衡一分钟。
2. 右腿金鸡站立，左脚贴右膝，两臂前伸平衡一分钟。

第三节 后伸平衡

1. 左腿金鸡站立，右脚贴左膝，两臂后伸平衡一分钟。
2. 右腿金鸡站立，左脚贴右膝，两臂后伸平衡一分钟。

第四节 侧伸平衡

1. 左腿金鸡站立，右脚贴左膝，两臂侧伸平衡一分钟。
2. 右腿金鸡站立，左脚贴右膝，两臂侧伸平衡一分钟。

第五节 前伸屈肘平衡

1. 左腿金鸡站立，右脚贴左膝，两臂前伸屈肘平衡一分钟。
2. 右腿金鸡站立，左脚贴右膝，两臂前伸屈肘平衡一分钟。

第六节 侧伸屈肘平衡

1. 左腿金鸡站立，右脚贴左膝，两臂侧伸屈肘平衡一分钟。
2. 右腿金鸡站立，左脚贴右膝，两臂侧伸屈肘平衡一分钟。

第七节　前伸摸肩平衡

1.左腿金鸡站立，右脚贴左膝，两臂前伸摸肩平衡一分钟。

2.右腿金鸡站立，左脚贴右膝，两臂前伸摸肩平衡一分钟。

第八节　侧伸摸肩平衡

1.左腿金鸡站立，右脚贴左膝，两臂侧伸摸肩平衡一分钟。

2.右腿金鸡站立，左脚贴右膝，两臂侧伸摸肩平衡一分钟。

本套操能锻炼腿部、颈部、肩部、上肢及关节，能增强全身平衡和协调能力。

第六套　单腿顶物金鸡多项平衡操

预备势：头顶物（如塑料盒）自然站立，两臂体侧下垂，挺胸收腹，两眼平视。

第一节　左腿站立多项平衡

动作：头顶物左腿金鸡站立，右脚贴左膝。
1. 两臂上举平衡一分钟。
2. 两臂前伸平衡一分钟。
3. 两臂后伸平衡一分钟。
4. 两臂侧伸平衡一分钟。
5. 两臂前伸屈肘平衡一分钟。
6. 两臂侧伸屈肘平衡一分钟。
7. 两臂前伸屈肘摸肩平衡一分钟。
8. 两臂侧伸屈肘摸肩平衡一分钟。

根据本人身体情况和需求，可以做上肢多项连续平衡，如：1和2，1、2和3，1、2、3、和4，1、2、3、4和5，1、2、3、4、5和6，1、2、3、4、5、6和7，1、2、3、4、5、6、7和8。灵活掌握平衡协调和平衡时间。

第二节　右腿站立多项平衡

动作：头顶物右腿金鸡站立，左脚贴右膝。
1. 两臂上举平衡一分钟。
2. 两臂前伸平衡一分钟。
3. 两臂后伸平衡一分钟。
4. 两臂侧伸平衡一分钟。
5. 两臂前伸屈肘平衡一分钟
6. 两臂侧伸屈肘平衡一分钟
7. 两臂前伸屈肘摸肩平衡一分钟。
8. 两臂侧伸屈肘摸肩平衡一分钟。

根据本人身体情况和需求，可以做上肢多项连续平衡，如：1和2，1、2和3，1、2、3和4，1、2、3、4和5，1、2、3、4、5和6，1、2、3、4、5、6和7，1、2、3、4、5、6、7和8。灵活掌握平衡协调和平衡时间。

本套操能锻炼腿部，能锻炼颈部、肩部、上肢及关节，能增强全身平衡和协调能力。

第七套　单腿顶物内伸单项平衡操

预备势：头顶物（如塑料盒）自然站立，两臂体侧下垂，挺胸收腹，两眼平视。

注意事项：根据本人身体情况和需求，灵活掌握平衡动作和平衡时间。

第一节　上举平衡

1.左腿站立，右腿内伸，两臂上举平衡一分钟。
2.右腿站立，左腿内伸，两臂上举平衡一分钟。

第二节　前伸平衡

1.左腿站立，右腿内伸，两臂前伸平衡一分钟。
2.右腿站立，左腿内伸，两臂前伸平衡一分钟。

第三节　后伸平衡

1.左腿站立，右腿内伸，两臂后伸平衡一分钟。
2.右腿站立，左腿内伸，两臂后伸平衡一分钟。

第四节　侧伸平衡

1.左腿站立，右腿内伸，两臂侧伸平衡一分钟。
2.右腿站立，左腿内伸，两臂侧伸平衡一分钟。

第五节　前伸屈肘平衡

1.左腿站立，右腿内伸，两臂前伸屈肘衡一分钟。
2.右腿站立，左腿内伸，两臂前伸屈肘平衡一分钟。

第六节　侧伸屈肘平衡

1.左腿站立，右腿内伸，两臂侧伸屈肘衡一分钟。
2.右腿站立，左腿内伸，两臂侧伸屈肘平衡一分钟。

第七节　前伸摸肩平衡

1.左腿站立,右腿内伸,两臂前伸摸肩衡一分钟。
2.右腿站立,左腿内伸,两臂前伸摸肩平衡一分钟。

第八节　侧伸摸肩平衡

1.左腿站立,右腿内伸,两臂侧伸摸肩衡一分钟。
2.右腿站立,左腿内伸,两臂侧伸摸肩平衡一分钟。

本套操能锻炼腿部,能锻炼颈部、肩部、上肢及关节,能增强全身平衡和协调能力。

第八套　单腿顶物内伸多项平衡操

预备势：头顶物（如塑料盒）自然站立，两臂体侧下垂，挺胸收腹，两眼平视。

注意事项：根据本人身体情况和需求，灵活掌握平衡动作和平衡时间。

第一节　左腿站立多项平衡

动作：头顶物左腿站立，右腿内伸。

1.两臂上举平衡一分钟。

2.两臂前伸平衡一分钟。

3.两臂后伸平衡一分钟。

4.两臂侧伸平衡一分钟。

5.两臂前伸屈肘平衡一分钟。

6.两臂侧伸屈肘平衡一分钟。

7.两臂前伸屈肘摸肩平衡一分钟。

8.两臂侧伸屈肘摸肩平衡一分钟。

根据本人身体情况和需求，可以做上肢多项连续平衡，如：1和2，1、2和3，1、2、3和4，1、2、3、4和5，1、2、3、4、5和6，1、2、3、4、5、6和7，1、2、3、4、5、6、7和8。灵活掌握平衡协调和平衡时间。

第二节　右腿站立多项平衡

动作：头顶物右腿站立，左腿内伸。

1.两臂上举平衡一分钟。

2.两臂前伸平衡一分钟。

3.两臂后伸平衡一分钟。

4.两臂侧伸平衡一分钟。

5.两臂前伸屈肘平衡一分钟。

6.两臂侧伸屈肘平衡一分钟。

7.两臂前伸屈肘摸肩平衡一分钟。

8.两臂侧伸屈肘摸肩平衡一分钟。

根据本人身体情况和需求，可以做上肢多项连续平衡，如：1和2，1、2和3，1、2、3和4，1、2、3、4和5，1、2、3、4、5和6，1、2、3、4、5、6和7，1、2、3、4、5、6、7和8。灵活掌握平衡协调和平衡时间。

本套操能锻炼腿部，能锻炼颈部、肩部、上肢及关节，能增强全身平衡和协调能力。

第九套　单腿顶物前伸单项平衡操

预备势：头顶物（如塑料盒）自然站立，两臂体侧下垂，挺胸收腹，两眼平视。

注意事项：根据本人身体情况和需求，灵活掌握平衡动作和平衡时间。

第一节　上举平衡

1. 左腿站立，右腿内伸，两臂上举平衡一分钟。
2. 右腿站立，左腿内伸，两臂上举平衡一分钟。

第二节　前伸平衡

1. 左腿站立，右腿内伸，两臂前伸平衡一分钟。
2. 右腿站立，左腿内伸，两臂前伸平衡一分钟。

第三节　后伸平衡

1. 左腿站立，右腿内伸，两臂后伸平衡一分钟。
2. 右腿站立，左腿内伸，两臂后伸平衡一分钟。

第四节　侧伸平衡

1. 左腿站立，右腿内伸，两臂侧伸平衡一分钟。
2. 右腿站立，左腿内伸，两臂侧伸平衡一分钟。

第五节　前伸屈肘平衡

1. 左腿站立，右腿内伸，两臂前伸屈肘平衡一分钟。
2. 右腿站立，左腿内伸，两臂前伸屈肘平衡一分钟。

第六节　侧伸屈肘平衡

1. 左腿站立，右腿内伸，两臂侧伸屈肘平衡一分钟。
2. 右腿站立，左腿内伸，两臂侧伸屈肘平衡一分钟。

第七节　前伸屈肘摸肩平衡

1.左腿站立，右腿内伸，两臂前伸屈肘摸肩平衡一分钟。
2.右腿站立，左腿内伸，两臂前伸屈肘摸肩平衡一分钟。

第八节　侧伸屈肘摸肩平衡

1.左腿站立，右腿内伸，两臂侧伸屈肘摸肩平衡一分钟。
2.右腿站立，左腿内伸，两臂侧伸屈肘摸肩平衡一分钟。

本套操能锻炼腿部，能锻炼颈部、肩部、上肢及关节，能增强全身平衡和协调能力。

第十套　单腿顶物前伸多项平衡操

预备势：头顶物（如塑料盒）自然站立，两臂体侧下垂，挺胸收腹，两眼平视。

第一节　左腿站立多项平衡

动作：头顶物左腿站立，右腿前伸。

1. 两臂上举平衡一分钟。
2. 两臂前伸平衡一分钟。
3. 两臂后伸平衡一分钟。
4. 两臂侧伸平衡一分钟。
5. 两臂前伸屈肘平衡一分钟。
6. 两臂侧伸屈肘平衡一分钟。
7. 两臂前伸屈肘摸肩平衡一分钟。
8. 两臂侧伸屈肘摸肩平衡一分钟。

根据本人身体情况和需求，可以做上肢多项连续平衡，如：1和2，1、2和3，1、2、3和4，1、2、3、4和5，1、2、3、4、5和6，1、2、3、4、5、6和7，1、2、3、4、5、6、7和8。灵活掌握平衡协调和平衡时间。

第二节　右腿站立多项平衡

动作：头顶物右腿站立，左腿前伸。

1. 两臂上举平衡一分钟。
2. 两臂前伸平衡一分钟。
3. 两臂后伸平衡一分钟。
4. 两臂侧伸平衡一分钟。
5. 两臂前伸屈肘平衡一分钟。
6. 两臂侧伸屈肘平衡一分钟。
7. 两臂前伸屈肘摸肩平衡一分钟。
8. 两臂侧伸屈肘摸肩平衡一分钟。

根据本人身体情况和需求，可以做上肢多项连续运动如：1和2，1、2和3，1、2、3和4，1、2、3、4和5，1、2、3、4、5和6，1、2、3、4、5、6和7，1、2、3、4、5、6、7和8。灵活掌握平衡协调和平衡时间。

本套操能锻炼腿部，能锻炼颈部、肩部、上肢及关节，能增强全身平衡和协调能力。

第十一套　单腿顶物侧伸单项平衡操

预备势：头顶物（如塑料盒）自然站立，两臂体侧下垂，挺胸收腹，两眼平视。

注意事项：根据本人身体情况和需求，灵活掌握平衡动作和平衡时间。

第一节　上举平衡

1.左腿站立，右腿右侧伸，两臂上举平衡一分钟。
2.右腿站立，左腿左侧伸，两臂上举平衡一分钟。

第二节　前伸平衡

1.左腿站立，右腿右侧伸，两臂前伸平衡一分钟。
2.右腿站立，左腿左侧伸，两臂前伸平衡一分钟。

第三节　后伸平衡

1.左腿站立，右腿右侧伸，两臂后伸平衡一分钟。
2.右腿站立，左腿左侧伸，两臂后伸平衡一分钟。

第四节　侧伸平衡

1.左腿站立，右腿右侧伸，两臂侧伸平衡一分钟。
2.右腿站立，左腿左侧伸，两臂侧伸平衡一分钟。

第五节　前伸屈肘平衡

1.左腿站立，右腿右侧伸，两臂前伸屈肘平衡一分钟。
2.右腿站立，左腿左侧伸，两臂前伸屈肘平衡一分钟。

第六节　侧伸屈肘平衡

1.左腿站立，右腿右侧伸，两臂侧伸屈肘平衡一分钟。
2.右腿站立，左腿左侧伸，两臂侧伸屈肘平衡一分钟。

第七节　前伸屈肘摸肩平衡

1.左腿站立，右腿右侧伸，两臂前伸屈肘摸肩平衡一分钟。
2.右腿站立，左腿左侧伸，两臂前伸屈肘摸肩平衡一分钟。

第八节　侧伸屈肘摸肩平衡

1.左腿站立，右腿右侧伸，两臂侧伸屈肘摸肩平衡一分钟。
2.右腿站立，左腿左侧伸，两臂侧伸屈肘摸肩平衡一分钟。

本套操能锻炼腿部，能锻炼颈部、肩部、上肢及关节，能增强全身平衡和协调能力。

第十二套　单腿顶物侧伸多项平衡操

预备势：头顶物（如塑料盒）自然站立，两臂体侧下垂，挺胸收腹，两眼平视。

第一节　左腿站立多项平衡

动作：头顶物左腿站立，右腿右侧伸。

1. 两臂上举平衡一分钟。
2. 两臂前伸平衡一分钟。
3. 两臂后伸平衡一分钟。
4. 两臂侧伸平衡一分钟。
5. 两臂前伸屈肘平衡一分钟。
6. 两臂侧伸屈肘平衡一分钟。
7. 两臂前伸屈肘摸肩平衡一分钟。
8. 两臂侧伸屈肘摸肩平衡一分钟。

根据本人身体情况和需求，可以做上肢多项连续平衡，如：1和2，1、2和3，1、2、3和4，1、2、3、4和5，1、2、3、4、5和6，1、2、3、4、5、6和7，1、2、3、4、5、6、7和8。灵活掌握平衡协调和平衡时间。

第二节　右腿站立多项平衡

动作：头顶物右腿站立，左腿左侧伸。

1. 两臂上举平衡一分钟。
2. 两臂前伸平衡一分钟。
3. 两臂后伸平衡一分钟。
4. 两臂侧伸平衡一分钟。
5. 两臂前伸屈肘平衡一分钟。
6. 两臂侧伸屈肘平衡一分钟。
7. 两臂前伸屈肘摸肩平衡一分钟。
8. 两臂侧伸屈肘摸肩平衡一分钟。

根据本人身体情况和需求，可以做上肢多项连续运动如：1和2，1、2和3，1、2、3和4，1、2、3、4和5，1、2、3、4、5和6，1、2、3、4、5、6和7，1、2、3、4、5、6、7和8。灵活掌握平衡协调和平衡时间。

本套操能锻炼腿部，能锻炼颈部、肩部、上肢及关节，能增强全身平衡和协调能力。

第十三套　单腿顶物后伸单项平衡操

预备势：头顶物（如塑料盒）自然站立，两臂体侧下垂，挺胸收腹，两眼平视。

注意事项：根据本人身体情况和需求，灵活掌握平衡动作和平衡时间。

第一节　上举平衡

1.左腿站立，右腿后伸，两臂上举平衡一分钟。
2.右腿站立，左腿后伸，两臂上举平衡一分钟。

第二节　前伸平衡

1.左腿站立，右腿后伸，两臂前伸平衡一分钟。
2.右腿站立，左腿后伸，两臂前伸平衡一分钟。

第三节　后伸平衡

1.左腿站立，右腿后伸，两臂后伸平衡一分钟。
2.右腿站立，左腿后伸，两臂后伸平衡一分钟。

第四节　侧伸平衡

1.左腿站立，右腿后伸，两臂侧伸平衡一分钟。
2.右腿站立，左腿后伸，两臂侧伸平衡一分钟。

第五节　前伸屈肘平衡

1.左腿站立，右腿后伸，两臂前伸屈肘平衡一分钟。
2.右腿站立，左腿后伸，两臂前伸屈肘平衡一分钟。

第六节　侧伸屈肘平衡

1.左腿站立，右腿后伸，两臂侧伸屈肘平衡一分钟。
2.右腿站立，左腿后伸，两臂侧伸屈肘平衡一分钟。

第七节　前伸屈肘摸肩平衡

1.左腿站立，右腿后伸，两臂前伸屈肘摸肩平衡一分钟。

2.右腿站立，左腿后伸，两臂前伸屈肘摸肩平衡一分钟。

第八节　侧伸屈肘摸肩平衡

1.左腿站立，右腿后伸，两臂侧屈肘伸摸肩平衡一分钟。

2.右腿站立，左腿后伸，两臂侧伸屈肘摸肩平衡一分钟。

本套操能锻炼腿部，能锻炼颈部、肩部、上肢及关节，能增强全身平衡和协调能力。

第十四套 单腿顶物后伸多项平衡操

预备势：头顶物（如塑料盒）自然站立，两臂体侧下垂，挺胸收腹，两眼平视。

第一节 左腿站立多项平衡

动作：头顶物左腿站立，右腿后伸。

1.两臂上举平衡一分钟。

2.两臂前伸平衡一分钟。

3.两臂后伸平衡一分钟。

4.两臂侧伸平衡一分钟。

5.两臂前伸屈肘平衡一分钟。

6.两臂侧伸屈肘平衡一分钟。

7.两臂前伸屈肘摸肩平衡一分钟。

8.两臂侧伸屈肘摸肩平衡一分钟。

根据本人身体情况和需求，可以做上肢多项连续平衡，如：1和2，1、2和3，1、2、3和4，1、2、3、4和5，1、2、3、4、5和6，1、2、3、4、5、6和7，1、2、3、4、5、6、7和8。灵活掌握平衡协调和平衡时间。

第二节 右腿站立多项平衡

动作：头顶物右腿站立，左腿后伸。

1.两臂上举平衡一分钟。

2.两臂前伸平衡一分钟。

3.两臂后伸平衡一分钟。

4.两臂侧伸平衡一分钟。

5.两臂前伸屈肘平衡一分钟。

6.两臂侧伸屈肘平衡一分钟。

7.两臂前伸屈肘摸肩平衡一分钟。

8.两臂侧伸屈肘摸肩平衡一分钟。

根据本人身体情况和需求，可以做上肢多项连续平衡，如：1和2，1、2和3，1、2、3和4，1、2、3、4和5，1、2、3、4、5和6，1、2、3、4、5、6和7，1、2、3、4、5、6、7和8。灵活掌握平衡协调和平衡时间。

本套操能锻炼腿部，能锻炼颈部、肩部、上肢及关节，能增强全身平衡和协调能力。

第十四章　单腿顶物运动操

第一套　单腿顶物单项运动操

预备势：头顶物（如塑料盒）自然站立，两臂体侧下垂，挺胸收腹，两眼平视。

注意事项：本套操建议连续运动 4×8 拍，可根据身体情况灵活掌握。

第一节　顶物抬腿运动

1.左腿站立，两手置腹前，右腿做抬起运动。
2.右腿站立，两手置腹前，左腿做抬起运动

第二节　顶物内踢运动

1.左腿站立，两手托臀部，右腿做内踢运动。
2.右腿站立，两手托臀部，左腿做内踢运动。

第三节　顶物前踢运动

1.左腿站立，两手叉腰，右腿做前踢运动
2.右腿站立，两手叉腰，左腿做前踢运动。

第四节　顶物侧踢运动

1.左腿站立，两臂侧伸，右腿做侧踢运动
2.右腿站立，两臂侧伸，左腿做侧踢运动。

第五节　顶物后踢运动

1.左腿站立，两臂前伸，右腿做后伸运动。
2.右腿站立，两臂前伸，左腿做后伸运动。

第六节 顶物摆腿运动

1.左腿站立,两臂前后摆动,右脚做摆动运动。

2.右腿站立,两臂前后摆动,左脚做摆动运动。

本套操能锻炼腿部及关节,能增强腿部力量及支撑力,锻炼颈部、肩部,能锻炼上肢及关节,能增强全身平衡和协调能力。

第二套　单腿顶物多项运动操

预备势：头顶物（如塑料盒）自然站立，两臂体侧下垂，挺胸收腹，两眼平视。

第一节　左腿站立多项运动

动作：左腿站立

1.两手置腹前，右腿做上下运动。

2.两手托臀部，右腿做内踢运动。

3.两手叉腰，右腿做前踢运动。

4.两手侧伸，右腿做右侧伸运动。

5.两手前伸，右腿做后伸运动。

6.两手自然摆动，右腿做摆动运动。

连续运动 4×8 拍。

根据本人身体情况和需求，下肢可以做多项连续运动，如：1 和 2，1、2 和 3、1、2、3 和 4，1、2、3、4 和 5，1、2、3、4、5 和 6。灵活掌握平衡动作和运动次数。

第二节　右腿站立多项运动

动作：右腿站立

1.两手置腹前，左腿做上下运动。

2.两手托臀部，左腿做内踢运动。

3.两手叉腰，左腿做前踢运动。

4.两双侧伸，左腿做左侧踢运动。

5.两手前伸，左腿做后伸运动。

6.两手自然摆动，左腿做前后摆动运动。

连续运动 4×8 拍。

根据本人身体情况和需求，上肢可以做多项连续运动，如：1 和 2，1、2 和 3、1、2、3 和 4，1、2、3、4 和 5，1、2、3、4、5 和 6。灵活掌握运动动作和运动次数。

　　本套操能锻炼腿部及关节,能增强腿部力量及支撑力,锻炼颈部、肩部,能锻炼上肢及关节,能增强全身平衡和协调能力。

第三套　单腿顶物压脚上肢单项运动操

预备势：头顶物（如塑料盒）自然站立，两臂体侧下垂，挺胸收腹，两眼平视。

注意事项：本套操建议连续运动 4×8 拍，可根据身体情况灵活掌握。

第一节　上举运动

1. 左腿站立，右脚压左脚面，两臂做上下运动。
2. 右腿站立，左脚压右脚面，两臂做上下运动。

第二节　前伸运动

1. 左腿站立，右脚压左脚面，两臂做前伸运动。
2. 右腿站立，左脚压右脚面，两臂做前伸运动。

第三节　后伸运动

1. 左腿站立，右脚压左脚面，两臂做后伸运动。
2. 右腿站立，左脚压右脚面，两臂做后伸运动。

第四节　侧伸运动

1. 左腿站立，右脚压左脚面，两臂做侧伸运动。
2. 右腿站立，左脚压右脚面，两臂做侧伸运动。

第五节　前伸屈肘运动

1. 左腿站立，右脚压左脚面，两臂前伸做屈肘运动。
2. 右腿站立，左脚压右脚面，两臂前伸做屈肘运动。

第六节　侧伸屈肘运动

1. 左腿站立，右脚压左脚面，两臂侧伸做屈肘运动。
2. 右腿站立，左脚压右脚面，两臂侧伸做屈肘运动。

第七节　扩胸运动

1.左腿站立，右脚压左脚面，两臂做扩胸运动。
2.右腿站立，左脚压右脚面，两臂做扩胸运动。

第八节　侧摆运动

1.左腿站立，右脚压左脚面，两臂做侧伸上下运动。
2.右腿站立，左脚压右脚面，两臂做侧伸上下运动。

本套操能锻炼腿部及关节，能增强腿部力量及支撑力，锻炼颈部、肩部，能锻炼上肢及关节，能增强全身平衡和协调能力。

第四套 单腿顶物压脚上肢多项运动操

预备势：头顶物（如塑料盒）自然站立，两臂体侧下垂，挺胸收腹，两眼平视。

第一节 左腿站立多项运动

动作：左腿站立，右脚压左脚面。

1.两臂做上举运动。
2.两臂做前伸运动。
3.两臂做后伸运动。
4.两臂做侧伸运动。
5.两臂做前伸屈肘运动。
6.两臂做侧伸屈肘运动。
7.两臂做前伸扩胸运动。
8.两臂做侧伸上下运动。

连续运动 4×8 拍。

根据本人身体情况和需求，下肢可以做多项连续运动，如：1 和 2，1、2 和 3、1、2、3 和 4，1、2、3、4 和 5，1、2、3、4、5 和 6，1、2、3、4、5、6 和 7，1、2、3、4、5、6、7 和 8。灵活掌握平衡动作和运动次数。

第二节 右腿站立顶物多项运动

动作：右腿站立，左脚压右脚面。

1.两臂做上举运动。
2.两臂做前伸运动。
3.两臂做后伸运动。
4.两臂做侧伸运动。
5.两臂做前伸屈肘运动。
6.两臂做侧伸屈肘运动。
7.两臂做前伸扩胸运动。

8.两臂做侧伸上下运动。

连续运动 4×8 拍。

根据本人身体情况和需求,下肢可以做多项连续运动,如:1 和 2,1、2 和 3、1、2、3 和 4,1、2、3、4 和 5,1、2、3、4、5 和 6,1、2、3、4、5、6 和 7,1、2、3、4、5、6、7 和 8。

灵活掌握平衡动作和运动次数。

本套操能锻炼腿部及关节,能增强腿部力量及支撑力,能锻炼颈部、肩部,能锻炼上肢及关节,能增强全身平衡和协调能力。

第五套　单腿金鸡顶物上肢单项运动操

预备势：头顶物（如塑料盒）自然站立，两臂体侧下垂，挺胸收腹，两眼平视。

注意事项：本套操建议连续运动 4×8 拍，可根据身体情况灵活掌握。

第一节　上举运动

1.左腿站立，右脚贴左腿膝部，两臂做上下运动。
2.右腿站立，左脚贴右腿膝部，两臂做上下运动。

第二节　前伸运动

1.左腿站立，右脚贴左腿膝部，两臂做前伸运动。
2.右腿站立，左脚贴右腿膝部，两臂做前伸运动。

第三节　后伸运动

1.左腿站立，右脚贴左腿膝部，两臂做后伸运动。
2.右腿站立，左脚贴右腿膝部，两臂做后伸运动。

第四节　侧伸运动

1.左腿站立，右脚贴左腿膝部，两臂做侧伸运动。
2.右腿站立，左脚贴右腿膝部，两臂做侧伸运动。

第五节　前伸屈肘运动

1.左腿站立，右脚贴左腿膝部，两臂前伸做屈肘运动。
2.右腿站立，左脚贴右腿膝部，两臂前伸做屈肘运动。

第六节　侧伸屈肘运动

1.左腿站立，右脚贴左腿膝部，两臂侧伸做屈肘运动。
2.右腿站立，左脚贴右腿膝部，两臂侧伸做屈肘运动。

第七节　扩胸运动

1.左腿站立，右脚贴左腿膝部，两臂做扩胸运动。
2.右腿站立，左脚贴右腿膝部，两臂做扩胸运动。

第八节　侧摆运动

1.左腿站立，右脚贴左腿膝部，两臂做侧伸上下运动。
2.右腿站立，左脚贴右腿膝部，两臂做侧伸上下运动。

本套操能锻炼腿部及关节，能增强腿部力量及支撑力，能锻炼颈部、肩部，能锻炼上肢及关节，能增强全身平衡和协调能力。

第六套　单腿金鸡顶物上肢多项运动

预备势：头顶物（如塑料盒）自然站立，两臂体侧下垂，挺胸收腹，两眼平视。

第一节　左腿站立多项运动

动作：左腿站立，右脚贴左腿膝部。
1.两臂做上举运动。
2.两臂做前伸运动。
3.两臂做后伸运动。
4.两臂做侧伸运动。
5.两臂做前伸屈肘运动。
6.两臂做侧伸屈肘运动。
7.两臂做前伸扩胸运动。
8.两臂做侧伸上下运动。
连续运动 4×8 拍。

根据本人身体情况和需求，下肢可以做多项连续运动，如：1 和 2，1、2 和 3、1、2、3 和 4，1、2、3、4 和 5，1、2、3、4、5 和 6，1、2、3、4、5、6 和 7，1、2、3、4、5、6、7 和 8。灵活掌握平衡动作和运动次数。

第二节　右腿站立顶物多项运动

动作：右腿站立，左脚贴右腿膝部。
1.两臂做上举运动。
2.两臂做前伸运动。
3.两臂做后伸运动。
4.两臂做侧伸运动。
5.两臂做前伸屈肘运动。
6.两臂做侧伸屈肘运动。
7.两臂做前伸扩胸运动。

8.两臂做侧伸上下运动。

连续运动 4×8 拍。

根据本人身体情况和需求,下肢可以做多项连续运动,如:1 和 2,1、2 和 3、1、2、3 和 4,1、2、3、4 和 5,1、2、3、4、5 和 6,1、2、3、4、5、6 和 7,1、2、3、4、5、6、7 和 8。灵活掌握平衡动作和运动次数。

本套操能锻炼腿部及关节,能增强腿部力量及支撑力,能锻炼颈部、肩部,能锻炼上肢及关节,能增强全身平衡和协调能力。

第七套　单腿顶物内伸上肢单项运动操

预备势：头顶物（如塑料盒）自然站立，两臂体侧下垂，挺胸收腹，两眼平视。

注意事项：本套操建议连续运动 4×8 拍，可根据身体情况灵活掌握。

第一节　上举运动

1. 左腿站立，右腿内伸，两臂做上举运动。
2. 右腿站立，左腿内伸，两臂做上举运动。

第二节　前伸运动

1. 左腿站立，右腿内伸，两臂做前伸运动。
2. 右腿站立，左腿内伸，两臂做前伸运动。

第三节　后伸运动

1. 左腿站立，右腿内伸，两臂做后伸运动。
2. 右腿站立，左腿内伸，两臂做后伸运动。

第四节　侧伸运动

1. 左腿站立，右腿内伸，两臂做侧伸运动。
2. 右腿站立，左腿内伸，两臂做侧伸运动。

第五节　前伸屈肘运动

1. 左腿站立，右腿内伸，两臂前伸做屈肘运动。
2. 右腿站立，左腿内伸，两臂前伸做屈肘运动。

第六节　侧伸屈肘运动

1. 左腿站立，右腿内伸，两臂侧伸做屈肘运动。
2. 右腿站立，左腿内伸，两臂侧伸做屈肘运动。

第七节　扩胸运动

1.左腿站立，右腿内伸，两臂做扩胸运动。
2.右腿站立，左腿内伸，两臂做扩胸运动。

第八节　侧摆运动

1.左腿站立，右腿内伸，两臂做侧伸上下运动。
2.右腿站立，左腿内伸，两臂做侧伸上下运动。

本套操能锻炼腰部及腿关节，能增强腿部力量及支撑力，能锻炼颈部、肩部，能锻炼上肢及关节，能增强全身平衡和协调能力。

第八套　单腿顶物内伸上肢多项运动

预备势：头顶物（如塑料盒）自然站立，两臂体侧下垂，挺胸收腹，两眼平视。

第一节　左腿站立顶物多项运动

动作：左腿站立，右腿内伸。
1.两臂做上举运动。
2.两臂做前伸运动。
3.两臂做后伸运动。
4.两臂做侧伸运动。
5.两臂做前伸屈肘运动。
6.两臂做侧伸屈肘运动。
7.两臂做前伸扩胸运动。
8.两臂做侧伸上下运动。
连续运动 4×8 拍。

根据本人身体情况和需求，下肢可以做多项连续运动，如：1 和 2，1、2 和 3、1、2、3 和 4，1、2、3、4 和 5，1、2、3、4、5 和 6，1、2、3、4、5、6 和 7，1、2、3、4、5、6、7 和 8。灵活掌握平衡动作和运动次数。

第二节　右腿站立顶物多项运动

动作：右腿站立，左腿内伸。
1.两臂做上举运动。
2.两臂做前伸运动。
3.两臂做后伸运动。
4.两臂做侧伸运动。
5.两臂做前伸屈肘运动。
6.两臂做侧伸屈肘运动。
7.两臂做前伸扩胸运动。

8.两臂做侧伸上下运动。

连续运动 4×8 拍。

根据本人身体情况和需求，下肢可以做多项连续运动，如：1 和 2，1、2 和 3、1、2、3 和 4，1、2、3、4 和 5，1、2、3、4、5 和 6，1、2、3、4、5、6 和 7，1、2、3、4、5、6、7 和 8。灵活掌握平衡动作和运动次数。

本套操能锻炼腿部及关节，能增强腿部力量及支撑力，能锻炼颈部、肩部，能锻炼上肢及关节，能增强全身平衡和协调能力。

第九套　单腿顶物前伸上肢单项运动

预备势：头顶物（如塑料盒）自然站立，两臂体侧下垂，挺胸收腹，两眼平视。

注意事项：本套操建议连续运动 4×8 拍，可根据身体情况灵活掌握。

第一节　上举运动

1. 左腿站立，右腿前伸，两臂做上举运动。
2. 右腿站立，左腿前伸，两臂做上举运动。

第二节　前伸运动

1. 左腿站立，右腿前伸，两臂做前伸运动。
2. 右腿站立，左腿前伸，两臂做前伸运动。

第三节　后伸运动

1. 左腿站立，右腿前伸，两臂做后伸运动。
2. 右腿站立，左腿前伸，两臂做后伸运动。

第四节　侧伸运动

1. 左腿站立，右腿前伸，两臂做侧伸运动。
2. 右腿站立，左腿前伸，两臂做侧伸运动。

第五节　前伸屈肘运动

1. 左腿站立，右腿前伸，两臂前伸做屈肘运动。
2. 右腿站立，左腿前伸，两臂前伸做屈肘运动。

第六节　侧伸屈肘运动

1. 左腿站立，右腿前伸，两臂侧伸做屈肘运动。
2. 右腿站立，左腿前伸，两臂侧伸做屈肘运动。

第七节　扩胸运动

1.左腿站立，右腿前伸，两臂做扩胸运动。
2.右腿站立，左腿前伸，两臂做扩胸运动。

第八节　侧摆运动

1.左腿站立，右腿前伸，两臂做侧伸上下运动。
2.右腿站立，左腿前伸，两臂做侧伸上下运动。

本套操能锻炼腰部及腿关节，能增强腿部力量及支撑力，能锻炼颈部、肩部，能锻炼上肢及关节，能增强全身平衡和协调能力。

第十套　单腿顶物前伸上肢多项运动

预备势：头顶物（如塑料盒）自然站立，两臂体侧下垂，挺胸收腹，两眼平视。

第一节　左腿站立顶物多项运动

动作：左腿站立，右腿前伸。

1. 两臂做上举运动。
2. 两臂做前伸运动。
3. 两臂做后伸运动。
4. 两臂做侧伸运动。
5. 两臂做前伸屈肘运动。
6. 两臂做侧伸屈肘运动。
7. 两臂做前伸扩胸运动。
8. 两臂做侧伸上下运动。

根据本人身体情况和需求，下肢可以做多项连续运动，如：1 和 2，1、2 和 3、1、2、3 和 4，1、2、3、4 和 5，1、2、3、4、5 和 6，1、2、3、4、5、6 和 7，1、2、3、4、5、6、7 和 8。灵活掌握平衡动作和运动次数。

连续运动 4×8 拍。

第二节　右腿站立顶物多项运动

动作：右腿站立，左腿前伸。

1. 两臂做上举运动。
2. 两臂做前伸运动。
3. 两臂做后伸运动。
4. 两臂做侧伸运动。
5. 两臂做前伸屈肘运动。
6. 两臂做侧伸屈肘运动。
7. 两臂做前伸扩胸运动。

8.两臂做侧伸上下运动。

根据本人身体情况和需求，下肢可以做多项连续运动，如：1和2、1、2和3、1、2、3和4，1、2、3、4和5，1、2、3、4、5和6。1、2、3、4、5、6和7，1、2、3、4、5、6、7和8。灵活掌握平衡动作和运动次数。

连续运动4×8拍。

本套操能锻炼腿部及关节，能增强腿部力量及支撑力，能锻炼颈部、肩部，能锻炼上肢及关节，能增强全身平衡和协调能力。

第十一套　单腿顶物侧伸上肢单项运动

预备势：头顶物（如塑料盒）自然站立，两臂体侧下垂，挺胸收腹，两眼平视。

注意事项：本套操建议连续运动 4×8 拍，可根据身体情况灵活掌握。

第一节　上举运动

1. 左腿站立，右腿外侧伸，两臂做上举运动。
2. 右腿站立，左腿外侧伸，两臂做上举运动。

第二节　前伸运动

1. 左腿站立，右腿外侧伸，两臂做前伸运动。
2. 右腿站立，左腿外侧伸，两臂做前伸运动。

第三节　后伸运动

1. 左腿站立，右腿外侧伸，两臂做后伸运动。
2. 右腿站立，左腿外侧伸，两臂做后伸运动。

第四节　侧伸运动

1. 左腿站立，右腿外侧伸，两臂做侧伸运动。
2. 右腿站立，左腿外侧伸，两臂做侧伸运动。

第五节　前伸屈肘运动

1. 左腿站立，右腿外侧伸，两臂前伸做屈肘运动。
2. 右腿站立，左腿外侧伸，两臂前伸做屈肘运动。

第六节　侧伸屈肘运动

1. 左腿站立，右腿外侧伸，两臂侧伸做屈肘运动。
2. 右腿站立，左腿外侧伸，两臂侧伸做屈肘运动。

第七节　扩胸运动

1.左腿站立，右腿外侧伸，两臂做扩胸运动。
2.右腿站立，左腿外侧伸，两臂做扩胸运动。

第八节　侧摆运动

1.左腿站立，右腿外侧伸，两臂做侧伸上下运动。
2.右腿站立，左腿外侧伸，两臂做侧伸上下运动。

本套操能锻炼腰部及腿关节，能增强腿部力量及支撑力，能锻炼颈部、肩部，能锻炼上肢及关节，能增强全身平衡和协调能力。

第十二套　单腿顶物侧伸上肢多项运动操

预备势：头顶物（如塑料盒）自然站立，两臂体侧下垂，挺胸收腹，两眼平视。

第一节　左腿站立顶物多项运动

动作：左腿站立，右腿外侧伸。

1.两臂做上举运动。

2.两臂做前伸运动。

3.两臂做后伸运动。

4.两臂做侧伸运动。

5.两臂做前伸屈肘运动。

6.两臂做侧伸屈肘运动。

7.两臂做前伸扩胸运动。

8.两臂做侧伸上下运动。

根据本人身体情况和需求，下肢可以做多项连续运动，如：1和2，1、2和3，1、2、3和4，1、2、3、4和5，1、2、3、4、5和6，1、2、3、4、5、6和7，1、2、3、4、5、6、7和8。灵活掌握平衡动作和运动次数。

连续运动4×8拍。

第二节　右腿站立顶物多项运动

动作：右腿站立，左腿外侧伸。

1.两臂做上举运动。

2.两臂做前伸运动。

3.两臂做后伸运动。

4.两臂做侧伸运动。

5.两臂做前伸屈肘运动。

6.两臂做侧伸屈肘运动。

7.两臂做前伸扩胸运动。

8.两臂做侧伸上下运动。

根据本人身体情况和需求,下肢可以做多项连续运动,如:1 和 2,1、2 和 3、1、2、3 和 4,1、2、3、4 和 5,1、2、3、4、5 和 6,1、2、3、4、5、6 和 7,1、2、3、4、5、6、7 和 8。灵活掌握平衡动作和运动次数。

连续运动 4×8 拍。

本套操能锻炼腿部及关节,能增强腿部力量及支撑力,能锻炼颈部、肩部,能锻炼上肢及关节,能增强全身平衡和协调能力。

第十三套　单腿顶物后伸上肢单项运动操

预备势：头顶物（如塑料盒）自然站立，两臂体侧下垂，挺胸收腹，两眼平视。

注意事项：本套操建议连续运动 4×8 拍，可根据身体情况灵活掌握。

第一节　上举运动

1.左腿站立，右腿后伸，两臂做上举运动。
2.右腿站立，左腿后伸，两臂做上举运动。

第二节　前伸运动

1.左腿站立，右腿后伸，两臂做前伸运动。
2.右腿站立，左腿后伸，两臂做前伸运动。

第三节　后伸运动

1.左腿站立，右腿后伸，两臂做后伸运动。
2.右腿站立，左腿后伸，两臂做后伸运动。

第四节　侧伸运动

1.左腿站立，右腿后伸，两臂做侧伸运动。
2.右腿站立，左腿后伸，两臂做侧伸运动。

第五节　前伸屈肘运动

1.左腿站立，右腿后伸，两臂前伸做屈肘运动。
2.右腿站立，左腿后伸，两臂前伸做屈肘运动。

第六节　侧伸屈肘运动

1.左腿站立，右腿后伸，两臂侧伸做屈肘运动。
2.右腿站立，左腿后伸，两臂侧伸做屈肘运动。

第七节　扩胸运动

1.左腿站立，右腿后伸，两臂做扩胸运动。
2.右腿站立，左腿后伸，两臂做扩胸运动。

第八节　摆臂运动

1.左腿站立，右腿后伸，两臂做侧伸上下运动。
2.右腿站立，左腿后伸，两臂做侧伸上下运动。

本套操能锻炼腰部及腿关节，能增强腿部力量及支撑力，能锻炼颈部、肩部，能锻炼上肢及关节，能增强全身平衡和协调能力。

第十四套　单腿顶物后伸上肢多项运动操

预备势：头顶物（如塑料盒）自然站立，两臂体侧下垂，挺胸收腹，两眼平视。

第一节　左腿站立顶物多项运动

动作：左腿站立，右腿后伸。

1. 两臂做上举运动。
2. 两臂做前伸运动。
3. 两臂做后伸运动。
4. 两臂做侧伸运动。
5. 两臂做前伸屈肘运动。
6. 两臂做侧伸屈肘运动。
7. 两臂做前伸扩胸运动。
8. 两臂做侧伸上下运动。

根据本人身体情况和需求，下肢可以做多项连续运动，如：1和2、1、2和3、1、2、3和4，1、2、3、4和5，1、2、3、4、5和6。1、2、3、4、5、6和7，1、2、3、4、5、6、7和8。灵活掌握平衡动作和运动次数。

连续运动4×8拍。

第二节　右腿站立顶物多项运动

动作：右腿站立，左腿后伸。

1. 两臂做上举运动。
2. 两臂做前伸运动。
3. 两臂做后伸运动。
4. 两臂做侧伸运动。
5. 两臂做前伸屈肘运动。
6. 两臂做侧伸上下运动。
7. 两臂做前伸扩胸运动。

8.两臂做侧伸上下运动。

根据本人身体情况和需求，下肢可以做多项连续运动，如：1和2、1、2和3、1、2、3和4，1、2、3、4和5，1、2、3、4、5和6。1、2、3、4、5、6和7，1、2、3、4、5、6、7和8。灵活掌握平衡动作和运动次数。

连续运动4×8拍。

本套操能锻炼腿部及关节，能增强腿部力量及支撑力，能锻炼颈部、肩部，能锻炼上肢及关节，能增强全身平衡和协调能力。

第十五章 单腿托顶物平衡操

第一套 单腿托顶物下肢平衡操

预备势：头顶塑料盒，两手托水碗置腹前，挺胸收腹，两眼平视。
动作：本套操共 6 节，可根据本人身体和需求，灵活掌握平衡动作及时间。

第一节 压脚平衡

1.左腿站立，右脚压左脚，两手托水碗于腹前，作平衡动作。如图 9-1 所示。
2.右腿站立，左脚压右脚，两手托水碗于腹前，作平衡动作。如图 9-2 所示。

第二节 金鸡平衡

1.左腿站立，右脚贴左腿，两手托水碗上举，作平衡动作。如图 9-3 所示。
2.右腿站立，左脚贴右腿，两手托水碗上举，作平衡动作。如图 9-4 所示。

图 9-1

图 9-2

图 9-3

图 9-4

第三节　内伸平衡

1.左腿站立，右脚内伸，两手托水碗左伸，作平衡动作。如图9-5所示。
2.右腿站立，左脚内伸，两手托水碗右伸，作平衡动作。如图9-6所示。

第四节　侧伸平衡

1.左腿站立，右脚侧伸，左手托水碗前伸，右手托水碗侧伸，作平衡动作。如图9-7所示。
2.右腿站立，左脚侧伸，右手托水碗前伸，左手托水碗侧伸，作平衡动作。如图9-8所示。

图9-5　　　　　图9-6　　　　　图9-7　　　　　图9-8

第五节　前伸平衡

1.左腿站立，右脚前伸，两手托水碗侧伸，作平衡动作。如图9-9所示。
2.右腿站立，左脚前伸，两手托水碗侧伸，作平衡动作。如图9-10所示。

第六节　后伸平衡

1.左腿站立，右脚后伸，两手托水碗前伸，作平衡动作。如图9-11所示。
2.右腿站立，左脚后伸，两手托水碗前伸，作平衡动作。如图9-12所示。

第十五章　单腿托顶物平衡操

图 9-9　　　　　图 9-10　　　　　图 9-11　　　　　图 9-12

本套操能锻炼腿部，有效活动四肢和关节，有效增强全身平衡协调能力。

第二套　单腿金鸡站立上肢平衡操

预备势：头顶塑料盒，两手托水碗置腹前，挺胸收腹，两眼平视。
动作：本套操共 6 节，可根据本人身体和需求，灵活掌握平衡动作及时间。

第一节　上举平衡

1.左腿金鸡站立，右脚贴左腿，两臂上举，作平衡动作。如图 9-13 所示。
2.右腿金鸡站立，左脚贴右腿，两臂上举，作平衡动作。如图 9-14 所示。

第二节　前伸平衡

1.左腿金鸡站立，右脚贴左腿，两臂前伸，作平衡动作。如图 9-15 所示。
2.右腿金鸡站立，左脚贴右腿，两臂前伸，作平衡动作。如图 9-16 所示。

图 9-13　　　　　图 9-14　　　　　图 9-15　　　　　图 9-16

第三节　侧伸平衡

1.左腿金鸡站立，右脚贴左腿，两臂侧伸，作平衡动作。如图 9-17 所示。
2.右腿金鸡站立，左脚贴右腿，两臂侧伸，作平衡动作。如图 9-18 所示。

第四节　交叉前伸平衡

1.左腿金鸡站立，右脚贴左腿，两臂交叉前伸，作平衡动作。如图 9-19 所示。

2.右腿金鸡站立,左脚贴右腿,两臂交叉前伸,作平衡动作。如图9-20所示。

图9-17　　　　　图9-18　　　　　图9-19　　　　　图9-20

第五节　前伸屈肘平衡

1.左腿金鸡站立,右脚贴左腿,两臂前伸屈肘,作平衡动作。如图9-21所示。
2.右腿金鸡站立,左脚贴右腿,两臂前伸屈肘,作平衡动作。如图9-22所示。

第六节　侧伸屈肘平衡

1.左腿金鸡站立,右脚贴左腿,两臂侧伸屈肘,作平衡动作。如图9-23所示。
2.右腿金鸡站立,左脚贴右腿,两臂侧伸屈肘,作平衡动作。如图9-24所示。

图9-21　　　　　图9-22　　　　　图9-23　　　　　图9-24

本套操能锻炼腿部,有效活动上肢和关节,有效增强全身平衡协调能力。

第三套　单腿前伸站立上肢平衡操

预备势：头顶塑料盒，两手托水碗置腹前，挺胸收腹，两眼平视。
动作：本套操共 6 节，可根据本人身体和需求，灵活掌握平衡动作及时间。

第一节　上举平衡

1.左腿站立，右脚前伸，两臂上举，作平衡动作。如图 9-25 所示。
2.右腿站立，左脚前伸，两臂上举，作平衡动作。如图 9-26 所示。

第二节　前伸平衡

1.左腿站立，右脚前伸，两臂前伸，作平衡动作。如图 9-27 所示。
2.右腿站立，左脚前伸，两臂前伸，作平衡动作。如图 9-28 所示。

图 9-25　　　　图 9-26　　　　图 9-27　　　　图 9-28

第三节　侧伸平衡

1.左腿站立，右脚前伸，两臂侧伸，作平衡动作。如图 9-29 所示。
2.右腿站立，左脚前伸，两臂侧伸，作平衡动作。如图 9-30 所示。

第四节　交叉前伸平衡

1.左腿站立，右脚前伸，两臂交叉前伸，作平衡动作。如图 9-31 所示。

2.右腿站立,左脚前伸,两臂交叉前伸,作平衡动作。如图9-32所示。

图 9-29　　　　图 9-30　　　　图 9-31　　　　图 9-32

第五节　前伸屈肘平衡

1.左腿站立,右脚前伸,两臂前伸屈肘,作平衡动作。如图9-33所示。
2.右腿站立,左脚前伸,两臂前伸屈肘,作平衡动作。如图9-34所示。

第六节　侧伸屈肘平衡

1.左腿站立,右脚前伸,两臂侧伸屈肘,作平衡动作。如图9-35所示。
2.右腿站立,左脚前伸,两臂侧伸屈肘,作平衡动作。如图9-36所示。

图 9-33　　　　图 9-34　　　　图 9-35　　　　图 9-36

本套操能锻炼腿部,有效活动上肢和上肢关节,有效增强全身平衡协调能力。

第四套 单腿侧伸站立上肢平衡操

预备势：头顶塑料盒，两手托水碗置腹前，挺胸收腹，两眼平视。

动作：本套操共 6 节，可根据本人身体和需求，灵活掌握平衡动作及时间。

第一节 上举平衡

1.左腿站立，右脚侧伸，两臂上举，作平衡动作。如图 9-37 所示。
2.右腿站立，左脚侧伸，两臂上举，作平衡动作。如图 9-38 所示。

第二节 前伸平衡

1.左腿站立，右脚侧伸，两臂前伸，作平衡动作。如图 9-39 所示。
2.右腿站立，左脚侧伸，两臂前伸，作平衡动作。如图 9-40 所示。

图 9-37　　　　图 9-38　　　　图 9-39　　　　图 9-40

第三节 侧伸平衡

1.左腿站立，右脚侧伸，两臂侧伸，作平衡动作。如图 9-41 所示。
2.右腿站立，左脚侧伸，两臂侧伸，作平衡动作。如图 9-42 所示。

第四节 交叉前伸平衡

1.左腿站立，右脚侧伸，两臂交叉前伸，作平衡动作。如图 9-43 所示。

第十五章 单腿托顶物平衡操

2.右腿站立,左脚侧伸,两臂交叉前伸,作平衡动作。如图9-44所示。

图9-41　　　　图9-42　　　　图9-43　　　　图9-44

第五节　前伸屈肘平衡

1.左腿站立,右脚侧伸,两臂前伸屈肘,作平衡动作。如图9-45所示。
2.右腿站立,左脚侧伸,两臂前伸屈肘,作平衡动作。如图9-46所示。

第六节　侧伸屈肘平衡

1.左腿站立,右脚侧伸,两臂侧伸屈肘,作平衡动作。如图9-47所示。
2.右腿站立,左脚侧伸,两臂侧伸屈肘,作平衡动作。如图9-48所示。

图9-45　　　　图9-46　　　　图9-47　　　　图9-48

本套操能锻炼腿部,有效活动上肢和上肢关节,有效增强全身平衡协调能力。

第十六章 单腿托顶物运动操

第一套 单腿托顶物下肢运动操

预备势：头顶塑料盒，两手托水碗置胸前，挺胸收腹，两眼平视。
动作：本套操共五节，可根据本人身体和需求，灵活掌握运动内容及次数。

第一节 抬腿运动

1.左腿站立，两手托水碗上举，右腿作上下运动。如图 10-1 所示。
2.右腿站立，两手托水碗上举，左腿作上下运动。如图 10-2 所示。

图 10-1　　　　　　　　　图 10-2

第二节 前伸运动

1.左腿站立，两手托水碗于胸前，右腿作前伸运动。如图 10-3 所示。
2.右腿站立，两手托水碗于胸前，左腿作前伸运动。如图 10-4 所示。

图 10-3　　　　　　　　　　图 10-4

第三节　后伸运动

1. 左腿站立，两手托水碗前伸，右腿作后伸运动。如图 10-5 所示。
2. 右腿站立，两手托水碗前伸，左腿作后伸运动。如图 10-6 所示。

图 10-5　　　　　　　　　　图 10-6

第四节　内伸运动

1. 左腿站立，两手托水碗左伸，右腿作内伸运动。如图 10-7 所示。
2. 右腿站立，两手托水碗右伸，左腿作内伸运动。如图 10-8 所示。

图 10-7　　　　　　　　　　　图 10-8

第五节　侧伸运动

1.左腿站立，两手托水碗侧伸，右腿作右侧伸运动。如图 10-9 所示。
2.右腿站立，两手托水碗上举，左腿作左侧伸运动。如图 10-10 所示。

图 10-9　　　　　　　　　　　图 10-10

本套操能锻炼腿部和四肢关节，有效增强腿部力量，有效活动腰部与增强全身平衡协调能力。

第二套　单腿金鸡上肢运动操

预备势：头顶塑料盒，两手托水碗置胸前，挺胸收腹，两眼平视。
动作：本套操共五节，可根据本人身体和需求，灵活掌握运动内容及次数。

第一节　上伸运动

1.左腿金鸡站立，右脚贴左腿，两臂作上举运动。如图10-11所示。
2.右腿金鸡站立，左脚贴右腿，两臂作上举运动。如图10-12所示。

图 10-11　　　　　　　　　　　　图 10-12

第二节　前伸运动

1.左腿金鸡站立，右脚贴左腿，两臂作前伸运动。如图10-13所示。
2.右腿金鸡站立，左脚贴右腿，两臂作前伸运动。如图10-14所示。

图 10-13　　　　　　　　　　　　图 10-14

第三节　侧伸运动

1.左腿金鸡站立，右脚贴左腿，两臂作侧伸运动。如图 10-15 所示。
2.右腿金鸡站立，左脚贴右腿，两臂作侧伸运动。如图 10-16 所示。

图 10-15　　　　　　　　　　　　图 10-16

第四节　前伸屈肘运动

1.左腿金鸡站立，右脚贴左腿，两臂作前伸屈肘运动。如图 10-17 所示。
2.右腿金鸡站立，左脚贴右腿，两臂作前伸屈肘运动。如图 10-18 所示。

图 10-17　　　　　　　　　　　图 10-18

第五节　侧伸屈肘运动

1.左腿金鸡站立，右脚贴左腿，两臂作侧伸屈肘运动。如图 10-19 所示。
2.右腿金鸡站立，左脚贴右腿，两臂作侧伸屈肘运动。如图 10-20 所示。

图 10-19　　　　　　　　　　　图 10-20

本套操能锻炼腿部和四肢关节，有效增强腿部力量，有效活动腰部与增强全身平衡协调能力。

第三套　单腿前伸上肢运动操

预备势：头顶塑料盒，两手托水碗置胸前，挺胸收腹，两眼平视。
动作：本套操共五节，可根据本人身体和需求，灵活掌握运动内容及次数。

第一节　上伸运动

1.左腿站立，右脚前伸，两臂作上伸运动。如图 10-21 所示。
2.右腿站立，左脚前伸，两臂作上伸运动。如图 10-22 所示。

图 10-21　　　　　　　　　　　图 10-22

第二节　前伸运动

1.左腿站立，右脚前伸，两臂作前伸运动。如图 10-23 所示。
2.右腿站立，左脚前伸，两臂作前伸运动。如图 10-24 所示。

图 10-23　　　　　　　　　　图 10-24

第三节　侧伸运动

1. 左腿站立，右脚前伸，两臂作侧伸运动。如图 10-25 所示。
2. 右腿站立，左脚前伸，两臂作侧伸运动。如图 10-26 所示。

图 10-25　　　　　　　　　　图 10-26

第四节　前伸屈肘运动

1. 左腿站立，右脚前伸，两臂作前伸屈肘运动。如图 10-27 所示。
2. 右腿站立，左脚前伸，两臂作前伸屈肘运动。如图 10-28 所示。

图 10-27　　　　　　　　　　图 10-28

第五节　侧伸屈肘运动

1.左腿站立，右脚前伸，两臂作侧伸屈肘运动。如图 10-29 所示。

2.右腿站立，左脚前伸，两臂作侧伸屈肘运动。如图 10-30 所示。

图 10-29　　　　　　　　　　图 10-30

本套操能锻炼腿部和四肢关节，有效增强腿部力量，有效活动腰部与增强全身平衡协调能力。

第四套　单腿侧伸上肢运动操

预备势：头顶塑料盒，两手托水碗置胸前，挺胸收腹，两眼平视。
动作：本套操共五节，可根据本人身体和需求，灵活掌握运动内容及次数。

第一节　上伸运动

1. 左腿站立，右脚右侧伸，两臂作上伸运动。如图 10-31 所示。
2. 右腿站立，左脚左侧伸，两臂作上伸运动。如图 10-32 所示。

图 10-31　　　　　　　　　　图 10-32

第二节　前伸运动

1. 左腿站立，右脚右侧伸，两臂作前伸运动。如图 10-33 所示。
2. 右腿站立，左脚左侧伸，两臂作前伸运动。如图 10-34 所示。

图 10-33　　　　　　　　　　　图 10-34

第三节　侧伸运动

1.左腿站立，右脚右侧伸，两臂作侧伸运动。如图 10-35 所示。

2.右腿站立，左脚左侧伸，两臂作侧伸运动。如图 10-36 所示。

图 10-35　　　　　　　　　　　图 10-36

第四节　前伸屈肘运动

1.左腿站立，右脚右侧伸，两臂作前伸屈肘运动。如图 10-37 所示。

2.右腿站立，左脚左侧伸，两臂作前伸屈肘运动。如图 10-38 所示。

第十六章　单腿托顶物运动操

图 10-37　　　　　　　　　　　　　　图 10-38

第五节　侧伸屈肘运动

1.左腿站立，右脚右侧伸，两臂作侧伸屈肘运动。如图 10-39 所示。

2.右腿站立，左脚左侧伸，两臂作侧伸屈肘运动。如图 10-40 所示。

图 10-39　　　　　　　　　　　　　　图 10-40

本套操能锻炼腿部和四肢关节，有效增强腿部力量，有效活动腰部与增强全身平衡协调能力。

新时代为全民健身健康做出新贡献
（后记）

人体是由头、颈、肩、腰、上肢、手、下肢、足等 36 个生理部位和下颌、肩、肘、腕、髋、膝、踝七对大关节组成的有机整体。按照用进废退理论，人体长久不运动的生理部位会萎缩退化，机体部位早衰，适应能力减退，抵抗能力下降，健康状况变差。实践证明：科学习练人体生理部位健康操，能加快人体血液循环，提高人体新陈代谢能力，促进人体器官充满生机活力，推迟人体器官衰老过程，焕发、保持和提高人体生理部位健康状态，从而达到人体身心健康和抗衰延寿。

为减少人体 36 个部位和七对大关节疾病发生率和给病人带来的痛苦，为降低慢性疾病治疗费用和给家庭、国家带来的沉重负担，本人遵照中国著名科学家钱学森教授 1987 年 2 月 11 日提出的"第四医学——人体功能医学"理论，按照"治未病"（预防疾病发生）、"防转变"（防轻病转重病）、"促康复"（促进疾病康复）、"强体魄"（增强身心健康）的运动健身健康理念，通过 20 年习练、研究和总结，探索出符合中国国情和民情，符合中国人民生理体质，符合全民最安全、最有效、最经济、最方便的运动健身健康方法——全民健康操。多年来在天津市政协、市关心下一代工作委员会、市科委等单位支持下，创编出版了"全民健康操丛书"第一卷——《颈腰腿关节操 100 套》和第二卷——《全民健康操（腿保健、单腿操 150 套）》健康科普专著，为全民运动健身健康提供了基础教材，深受社会的欢迎。

党和政府历来非常重视全民健身健康。2011 年为实现天津市"两会"通过的天津居民"增一岁"和建设健康城市目标，天津市政协十位新老委员向时任市政协主席邢元敏提交了"关于创编出版'全民健康操丛书'的提议"，得到邢元敏主席的认可和支持。根据元敏主席的批示，时任市政协秘书长刘琨和医卫文体专委会组织天津体育医卫知名专家学者，对"全民健康操丛书"两卷书稿《颈腰腿关节操100套》《全民健康操（腿保健、单腿操150套）》书稿的文字与动作图片进行了审核论证，得到专家们的赞誉和肯定。为落实习近平总书记2013年8月31日"要广泛开展全民健身运动，促进群众体育和竞技体育全面发展"重要讲话精神，首卷《颈腰腿关节操100套》专著出版，市政协原主席邢元敏题写了序言，吴振、刘晋峰、滑兵来、何国模几位德高望重老领导作了题词，金盾出版社于2014年8月8日（全民健身日）出版发行，受到全国读者的欢迎。

天津市科委非常重视全民健身科普健康。根据天津市科委"2015年科学技术普及与活动申报指南"通知要求，天津市抗衰老学会申报和天津市科学技术协会审核，向市科委申报了"《颈腰腿关节操100套》专著与健康科普图书社会普及项目"，得到市科委认可和立项支持。本人为项目负责人，按照市科委健康科普项目立项要求，近几年组织相关专家学者，在天津市内六区普及了人体颈、肩、腰、腿、关节部位健身健康，其中健康讲座送健康专著与材料直接受益约4000人次，举办健康活动普及受益约20000人次，登载健康知识受益约200万人次，深受社会的关注和欢迎。

根据市科委"关于征集2017年天津市科学技术普及项目的通知"，本人会同天津科学技术出版社，经天津出版传媒集团审核，向市科委申报了"科学技术普及研发项目——出版《全民健康操（腿保健、单腿操150套）》健康科普图书"，得到市科委的认可和立项支持。《全民健康操（腿保健、单腿操150套）》科普专著出版，得到天津市关心下一代工作委员会的支持，市关工委主任邢元敏题写了序言，市级老领导滑兵来、何国模作了题词，天津科学技术出版社于2018年12月出版发行，受到社会的关注和欢迎。科普图书专著出版后，将根据政府部门的要求在全市普及腿部健康。

天津市社会各界非常重视全民健身健康。天津市在人文、健康、科技、体育、医卫等方面具有丰富的资源底蕴，天津市1600万人民热衷健身健康，全市人民认真贯彻中共中央国务院《"健康中国2030"规划纲要》，在市委、市政府领导下正在加快建设全民健康城市与智慧城市。

天津市新闻媒体单位非常重视全民健身健康，《今晚报》《中老年时报》《健康周报》《天津工人报》、天津电视台等媒体，全力支持与报道全民健身健康讲座与活动，在全市普及健身健康知识与方法，大力弘扬社会主义核心价值观，极大增强了全市人民健康幸福感和获得感。

天津市相关社会组织非常重视全民健身健康，天津市科学技术协会、天津市抗衰老学会、天津市老年基金会、天津市老年俱乐部等社会组织，积极组织全民健身健康讲座与活动，充分发挥健康医卫专家作用，大力传播健康正能量，受到社会各界群众的欢迎。

天津市新闻出版单位非常重视全民健身健康，天津科学技术出版社与金盾出版社坚持正确的出版方向，始终将全民健身健康纳入重要出版内容，及时高质量出版了大众喜闻乐见的健身健康专著，为全民健身健康提供了基础教材，为全民健身健康做出了应有贡献。

天津市社会相关人员非常重视全民健身健康，《全民健康操（腿保健、单腿操150套）》专著的出版得到了社会相关人员的大力支持，专著书稿电子版得到冯舒鸿、王译唯、王福元三位青年人的鼎力支持；专著近千个动作图示的拍摄得到了裴瑞祥、王希的大力支持等，在此一并表示感谢。

刘海山

2018年8月8日于天津